HARDPRESS.NET
HOME OF HARD-TO-FIND BOOKS

Afrikaansche Studien
by Pieter Jan Batist Carel Robidé Van Der Aa

Address:
HardPress
8345 NW 66TH ST #2561
MIAMI FL 33166-2626
USA
Email: info@hardpress.net

AFRIKAANSCHE STUDIËN

KOLONIAAL BEZIT

EN

PARTIKULIERE HANDEL

OP

AFRIKA'S WESTKUST

DOOR

ROBIDÉ VAN DER AA

'S GRAVENHAGE
MARTINUS NIJHOFF
1881

AFRIKAANSCHE STUDIËN

KOLONIAAL BEZIT

EN

ARTIKULIERE HANDEL

OP

AFRIKA'S WESTKUST

DOOR

Jan Batist Carel

ROBIDÉ VAN DER AA

'S GRAVENHAGE
MARTINUS NIJHOFF
1871

LEES-MUSEUM BIBLIOTHEEK TE AMSTERDAM

INHOUD.

I.

AFSTAND VAN KOLONIËN BIJ HET LICHT DER ERVARING.

Is afstand eener kolonie, en dat wel eener veroveringskolonie, waar, in tegenstelling met eigenlijk gezegde volkplantingen of plantazjekoloniën, weinig of geen Europeanen blijvend hunne woonplaats gevestigd hebben, is zulk een afstand in elk geval en onder ieder opzicht een inbreuk op de nacionale integriteit; een schandelijke daad, te afkeurenswaardiger, naarmate aan de afgestane kolonie ouder en roemrijker herinneringen verbonden zijn; eene daad kortom, waartoe geen staat, die nog aanspraak maakt op den rang van koloniale mogendheid, mag overgaan behalve in den uitersten nood als afgedwongen vredesvoorwaarde ter beëindiging van een ongelukkigen oorlog? Zoo ja, dan hebben Groot-Brittanje en Nederland beide de nacionale eer op het gruwelijkst geschandvlekt door de sluiting van het traktaat van 1824. Toen toch deed Engeland, in weerwil van een welsprekend protest uit den mond van een der achtenswaardigste inlandsche hoofden, onmeedoogend afstand van Benkoelen; Benkoelen, dat sedert 1685 onder Britsch gezag stond en dat juist in de laatste jaren onder het verlicht bestuur van Raffles, zij het ook met groote geldelijke opofferingen van het moederland, eene belangrijke ontwikkeling scheen te zullen verkrijgen. Niet minder hardvochtig offerde Nederland destijds het bezit op van Malakka, in 1641 veroverd na een langdurig en kostbaar beleg, zoo als tot dusver in de Indische wateren niet had plaats gehad; Malakka, waar zoo als in weinig Oostersche steden betrekkelijk veel Europeesche ingezetenen gevestigd waren, die, hoezeer grootendeels van Portugeesche afkomst, meer dan de inlanders of oostersche vreemdelingen op de rechten van Nederlandsche staatsburgers mochten aanspraak maken. Toch werd destijds dit traktaat met algemeene stemmen door de tweede kamer der staten-generaal aangenomen. Toch hebben volgens het gelijkluidend oordeel van tijdgenoot en nakomeling George Canning en Anton Reinhard Falck, de beide voornaamste onderteekenaars van dit verdrag, hun goeden naam als staatsman niet verspeeld, omdat zij eene schande voor de nationale eer hadden bekrachtigd.

· Bijna een halve eeuw is sedert verloopen. Vele verwikkelingen zijn er ontstaan tusschen Engeland en Nederland over de uitvoering en uitlegging van het traktaat van 1824, grootendeels te wijten aan de bekrompen wijze, waarop onze regeering, geheel tegen den geest van het verdrag, den Engelschen handel in Nederlandsch-Indië nagenoeg belette, door onze eigen vlag overdreven hoog te belasten, hetgeen wederom bewerkte, dat de Engelschen zoo luide klachten aanhieven over de uitbreiding van ons gezag op Sumatra's Oostkust, ons zelfs in 1843 onze bezettingen daar deden intrekken. Welke leemten latere ervaring ook in de bijzondere bepalingen van dit traktaat moge aangewezen hebben, hoe langer hoe meer erkent men van beide zijden de juistheid der hoofdbeginselen, waarvan de toenmalige onderhandelaars uitgingen : *wederzijdsche toelating van elkanders vlag en zooveel mogelijke scheiding van territoriaal gezag.* Noch Engeland, noch Nederland betreurt thans het verlies van Benkoelen of Malakka, die beide ook den nieuwen eigenaar geringe voordeelen opleverden. Het in de eerste helft dezer eeuw zoo veel vrijzinniger koloniaal bestuur der Engelschen heeft niet kunnen beletten, dat Malakka geheel door de zooveel jeugdiger nederzettingen Poeloe Pinang en Singapoer is overvleugeld. Benkoelen, waar de Nederlandsche regeering aanvankelijk zeer op het Europeesch bestuur bezuinigde, verkeerde lang in kwijnenden toestand en vertoont eerst in den laatsten tijd de sporen van meerder ontwikkeling en welvaart. Het nut van den wederzijdschen afstand lag dan ook niet in het bezit dier gewesten zelve, maar hierin, dat door die ruiling van grondgebied Nederland de koloniale

alleenheerscher werd in Sumatra bezuiden den evenaar, Engeland over het geheele schiereiland Malakka de vrije beschikking
verkreeg.

Tot juister waardeering van dit voordeel houde men in het
oog, welke begrippen omtrent koloniale staatkunde men thans
meer en meer huldigt en hoezeer die van de vroegere verschillen.
Toen de zeevarende volken van Europa zich vestigden in de beide
Indiën en op Afrika's West- en Oostkust, was ieder hunner op
zijn beurt even streng en onverbiddelijk het monopoliestelsel
toegedaan. Toen kon geen hunner zich een *koloniaal bezit
denken, waaruit men niet zooveel mogelijk iedere andere Europeesche nacie weerde. Aan den vooravond der hervorming had
zelfs de Paus een lijn getrokken over den aardbol en aan Spanje
en Portugal, de beide ontdekkers van de nieuwe wereld en
den zeeweg naar Indië, den uitsluitenden eigendom van het zoo
even gevonden Westen en Oosten toebedeeld. Geen pauselijk
dekreet kon echter beletten, dat Engelschen, Franschen en
Nederlanders achtereenvolgens het kielspoor der Spanjaarden en
Portugeezen volgden op den door geen zeemacht af te sluiten
oceaan; hen verhinderen, zich te vestigen op de uitgestrekte,
niet door enkele forten verdedigbare vreemde kusten.

Zoo ontstonden die telkens weder uitgebroken koloniale oorlogen; zoo ontvlamde die gedurende de geheele zeventiende en
achttiende eeuw nimmer uitgedoofde handelsnijd, bij die naciën
het hevigst, waar niet de staat zelf koloniseerde, maar dit aan
bevoorrechte handelsligchamen overliet, die steeds hunne verplichtingen als regent voor oogenblikkelijk koopmansbelang ver-
waarloosden en geen middel schuwden tot handhaving van hun
monopolie, niet slechts tegenover den vreemden handelaar, maar
evenzeer tegenover hun onbevoorrechten landgenoot en den op
hun eigen gebied gevestigden kolonist. Daardoor vond men juist
in de landen, om eigenaardige produkten of andere redenen
door den toenmaligen kolonialen handel het meest gezocht,
allerlei Europeesche naciën in de grilligste wanorde naast en
door elkaar gevestigd, onderling in voortdurenden strijd, waardoor het wel nu en dan gelukte, een of ander dier naciën voor

goed te verdrijven, maar het meerendeel dier verre landen onder verschillende koloniale machthebbers verdeeld bleef. Van daar die langdurige worsteling om het bezit der vroeger zoo overdreven hoog geschatte Specerijeilanden, eerst tusschen Portugal en Spanje, daarna tusschen Nederland en de Spaansch-Portugeesche wereldmonarchie; van daar die herhaalde verwikkelingen tusschen de Nederlandsche en Engelsche Oost-Indische Kompanjieën; van daar dat langs de kusten van Voor-Indië, zoowel in het peperland Malabar als in het kleedjes wevende Koromandel, zoo in Bengalé als in Suratte, de beide zeepoorten van het rijk des Grooten Mogols, Portugeesche, Nederlandsche, Engelsche, Fransche en Deensche faktorieën elkander als een staal_ kaart afwisselden; van daar dat men omstreeks het midden der zeventiende eeuw op Noord-Amerika's Oostkust een Nieuw-Frankrijk en Nieuw-Engeland, een Nieuw-Nederland en Nieuw-Zweden naast elkander aantrof; van daar eindelijk, dat de Kust van Guinee in hetzelfde tijdperk bezet was door de forten der Portugeezen en Nederlanders, Franschen en Engelschen, Zweden, Denen, ja zelfs Brandenburgers, soms slechts op een kanonschot van elkaar verwijderd.

Die dagen van voortdurenden nijd en strijd op koloniaal gebied zijn niet meer. Die onderlinge ijverzucht der kolonizeerende volken, zoo verderfelijk voor den vooral daardoor zoo onderdrukten en verdierlijkten inlander, zoo schadelijk voor den bloei en vooruitgang der koloniale nederzettingen, zoo nadeelig zelfs voor den moederstaat, die gewoonlijk de voordeelen, welke men uit de kolonie had kunnen trekken, verspeelde aan de kosten, tot wering van den gevreesden buitenlander besteed, — die felle jaloezie behoort, God lof, tot het verledene. Al moge men er hier en daar nog overblijfsels van aantreffen, de spits is haar voor goed afgebroken. Zoo ziet men Portugal, nog altijd niet ontwaakt uit den doodslaap, waarin het sinds eeuwen verkeert; Spanje, zonder ophouden van de eene omwenteling in de andere geslingerd; Frankrijk, welks zedelijk verval en inwendige verrotting, door den denker reeds lang onder het gaas zijner schijnbeschaving aanschouwd, thans een ieder in het oog springt; kortom al de in ware beschaving, vooral op staathuishoudkundig gebied, zoo achterlijke Romaansche staten, die koloniën bezitten, nog heden vasthouden aan verouderde koloniale instellingen, hun heil zoeken in differencieele rechten, soms. zelfs de vaart tusschen moederland en koloniën aan vreemde schepen verbieden. Hoe steekt hier bij af het regeeringsbeleid der twee groote kolonizeerende mogendheden van Germaanschen stam, dat van Groot-Brittanje en Nederland, die beide in Indië een rijk gesticht hebben, dat in omvang en bevolking vele malen den moederstaat overtreft, welks wedergade gedurende den geheelen loop der wereldgeschiedenis alleen te vinden is in het uitgestrekte koloniaal gebied der oude Romeinen.

Brittanje en Nederland, van oudsher zoo nauw verwant, hebben hun onmetelijk Indisch rijk met oorlogsgeweld veroverd en moeten tot handhaving van hun gezag over de zoo talrijke Inlandsche bevolking nog al te dikwijls het zwaard omgorden; beide hebben niet dan schoorvoetend, na lang aarzelen en veel hoofdbrekens, hun vorig koloniaal stelsel laten varen; bij beider instellingen en ambtenaren zal men hier en daar nog genoeg overblijfsels vinden van den ouden geest der Kompanjie; toch wordt door beide hoe langer hoe meer erkend, dat hun beheer over Indië alleen gewettigd kan worden door een wijs en rechtvaardig bestuur, hetgeen de onderworpen volken tot ontwikkeling en beschaving opleidt en juist daardoor aan het moederland, direkt of indirekt, de grootste vruchten oplevert. Hoe meer dit door beide wordt ingezien, des te meer verdwijnt oók de vroegere ijverzucht, die aan de naburige en bevriende nacie het licht der zon niet gunde, om plaats te maken voor den edelen naijver, wie het best de grootsche taak als opvoeder der onmondige volken vervult. Uit den aard der zaak zullen Engelschen en Nederlanders die taak ieder op hunne wijze uitvoeren, de een misschien te spoedig een noodzakelijken leiband loslaten, waar de ander te dikwijls de kastijdende hand opheft. Bij streng vasthouden aan het gestelde algemeene beginsel kan beider hier en daar in bijzonderheden verschillende opvoedingsteorie tot het begeerde einddoel leiden, mits ieder heer en meester zij op eigen koloniaal gebied. Dit is het groote nut van het beginsel, dat aan de beide Londensche traktaten van 1814 en 1824 ten grondslag lag, waarbij aan Engeland het vaste land van Indië, aan Nederland den Arsjipel als uitsluitend koloniaal domein werd toegewezen. Het laatste verdrag was daarentegen juist onvolledig, omdat dit beginsel niet genoeg werd uitgewerkt, de aangegeven grenslijn in Straat Malakka niet oostwaarts werd doorgetrokken, en Engeland door de bij dit tractaat behoorende nota's als ware het een zeker recht van inmenging met de zaken van Noord-Sumatra verkreeg — een recht, waarvan maar al te veel gebruik gemaakt is, daar Nederland eerst zooveel later met het oude koloniale stelsel brak.

Oude toestanden werken lang na. Zoo bezit bijna iedere Europeesche staat nog koloniën, die, ontstaan in het vroegere tijdperk der wederzijdsche ijverzucht, thans van het standpunt der tegenwoordige koloniale wetenschap veel overeenkomst hebben met de fossiele overblijfsels van ondergegane diersoorten. Zoo vindt men als verloren post in ons onmetelijk rijk van Insulinde het in ieder opzicht zoo onbeduidende Portugeesch-Timor; eveneens langs beide kusten van Britsch-Indië een aantal kleine bezittingen der Portugeezen en Franschen, die op een kaart van tamelijken omvang niet veel meer vertoonen dan stippen aan den zoom van een groot kleed. Zoude Portugal nu in strijd handelen met zijn nacionale eer, wanneer het die bezittingen in Indië, aan Nederland en Engeland afstond, en de schadeloosstelling, die het daarvoor mocht verkrijgen, besteedde tot meerder ontwikkeling van het groot gebied, dat thans aan de West- en Oostkust van Zuid-Afrika als Portugeesch op de kaart staat aangeteekend, maar waar het inderdaad weinig gezag uitoefent en nog minder ontwikkeling brengt, zoodat de uit Europa gezonden goeverneurs en andere beambten bijna geen invloed hebben op de daar gevestigde, hoe langer hoe meer vernegerde zwarte Portugeezen? Zoude Frankrijk zijne eer geschonden hebben, indien het, niet nu in de dagen zijner vernedering, maar eenige jaren geleden, toen het zijn koloniaal bezit in Senegambië, in Cochin-China, op Nieuw-Caledonië zoo zeer had uitgebreid, Pondichery en onderhoorigheden aan Engeland had afgestaan? Natuurlijk in dit geval niet dan tegen een aanzienlijke schadeloosstelling, daar Pondichery de eenige Fransche kolonie is, die een batig slot aan het moederland oplevert [1].

Misschien zal men zeggen, tijdens de onderhandelingen over het tractaat van 1859, waarbij het Nederlandsch- en Portugeesch gebied op Timor is afgebakend en Portugal zijne posten op Flores en de Solor-Eilanden tegen eene schadeloosstelling van twee ton aan Nederland afstond, is het gebleken, dat het eerste rijk zich volstrekt niet van zijn deel van Timor wilde ontdoen. Ook is het mij niet bekend, dat men in Frankrijk ooit ernstig gedacht heeft aan een afstand van Pondichery, dat laatste over-

[1] Volgens eene overeenkomst van 1815 betaalt de regeering van Britsch-Indië tot handhaving van zijn opium- en zoutmonopolie jaarlijks aan Frankrijk voor Pondichery een millioen francs, welke som, vermeerderd met de winst op den wisselkoers, bedragende ongeveer 60,000 francs, jaarlijks op de staatsbegrooting onder de middelen wordt opgenomen. Bovendien stort de koloniale kas van Pondichery volgens het senatus-consult van 3 Mei 1854 een contingent van 322,000 fr. in de kas van het moederland. Daarentegen komen, zoo als voor alle Fransche koloniën, de kosten van algemeen civiel en militair beheer ten laste der rijksbegrooting, hetgeen voor Pondichery in 1865 539,750 fr. bedroeg. Het moederland geniet dus uit deze overigens zoo weinig beteekenende kolonie jaarlijks eene bate van ruim 800,000 francs. Met opzet vestig ik hierop de aandacht, omdat toen het dwaze praatje, dat Frankrijk Pondichery aan Duitschland zou afstaan, in alle kranten vermeld werd, een hoofdartikel der *Arnhemsche Courant* van 9 Februari er nog de volgende geleerdheid bijvoegde: Pondichery is voor Frankrijk meer een last dan een bate, maar zou voor Pruisen hoogst belangrijk zijn tot vestiging zijner zeemacht in Azië. N. B. Pondichery, dat zoo als alle zeeplaatsen op de kust van Koromandel niets heeft, dat op een haven gelijkt, maar slechts een hoogst onveilige reede, zoodat men ter voorkoming der groote schade bij het lossen der koopwaren in de laatste jaren te Madras een steiger (*pier*) op holle metalen palen heeft moeten bouwen, een reuzenwerk, dat schatten gekost heeft. Op zulk een kust nu zou een pas beginnende koloniale mogendheid een oorlogshaven aanleggen!!! Dikwijls slaan onze dagblad-redakteurs op die wijze bij het bespreken van vreemde toestanden de plank mis. Het Leidsch orakel, dat de meeste hoofdartikels der *Arnh. Courant* schrijft, overtreft zijne kollega's niet alleen door zijn schoonen stijl, maar evenzeer door de onnavolgbare naïeveteit, waarmede hij voortdurend zijne machtspreuken over buitenlandsche politiek verkondigt, zonder zich de moeite te geven te onderzoeken, of die met de werkelijkheid overeenkomen,

schot van vroegere machtsontwikkeling in Voor-Indië. Kan
echter Portugal in deze dagen gelden als voorbeeld van koloniale
politiek? Kan Frankrijk dit, dat steeds in zijne regelingen
omtrent handel en scheepvaart verouderde beginselen volgt, al
vertoont zich zijn koloniaal beheer sedert de laatste twintig jaar
in Algerië en Senegambië, in Cochin-China en Nieuw-Caledonië,
van een veel gunstiger zijde en al biedt dit veel voorbeelden,
die alleszins de aandacht van deskundigen verdienen? Ook is
die vooruitgang op koloniaal gebied, even als zijn vrijzinniger
handelstarief, uitsluitend te danken aan het iniciatief van Napoleon III, in intellektueelen zin een reus te midden der Fransche
pygmeeën, zoodat die ontwikkeling bij de tegenwoordige verandering van regeeringsvorm en bij gemis van de noodige bescherming licht kan te niet gaan.

Engeland, dat daarentegen met het volste recht als leermeester
der koloniale mogendheden mag optreden, heeft in den loop
dezer eeuw herhaalde malen overwogen, of het niet zijne verschillende nederzettingen op Afrika's Westkust geheel of gedeeltelijk zou opbreken. Kort na den grooten Asiantijnschen
oorlog van 1824—1826 had het opperbestuur reeds den last
gegeven de Engelsche forten op de Goudkust te verlaten en te
sloopen, maar kwam op aandrang van den goeverneur en den
handel op dien last terug. Trouwens het geheele verlaten
eener veroveringskolonie, wel te onderscheiden van afstand
aan eene andere mogendheid, is buiten dringende noodzakelijkheid in oorlogstijd, ook mijns inziens, niet overeen
te brengen met de nacionale eer, allerminst met de zedelijke verplichting, die de kolonizeerende staat door de verovering tegenover den inlander op zich genomen heeft. Men
mag de aanvaarde opvoedingstaak wel om gewichtige redenen aan een ander overdragen, niet eenvoudig laten varen
zonder eenigen waarborg voor de toekomst. In 1840 werd Dr.
Madden, in 1865 kolonel Ord als regeeringskommissaris afge-
vaardigd, om te onderzoeken, of het behoud der Engelsche
koloniën op Afrika's Westkust al dan niet wenschelijk was.
Telkens werd behoudens belangrijke wijzigingen en bezuinigingen

in het koloniaal beheer tot het behoud besloten, vooral uit vrees, dat het verlaten dier nederzettingen geheel in de waagschaal zou stellen, al wat Engeland met ontzettende geldelijke opofferingen door zijn langdurig streven tot wering van den slavenhandel had verkregen. Heeft een richtig besef zijner verplichtingen jegens de door den slavenhandel zoo zeer verdierlijkte inboorlingen van West-Afrika Engeland doen afzien van het geheel verlaten zijner bezittingen aldaar, zoo als de minister Gladstone in Juni van het vorige jaar aan het parlement mededeelde, was het destijds in onderhandeling met Frankrijk, om de Gambia, die uit een handelsoogpunt zoo te recht dikwijls eene Fransche kolonie onder Engelsch bestuur genoemd is, aan deze mogendheid af te staan Die onderhandeling, door den laatsten oorlog gestaakt, zal nu vooreerst wel blijven rusten, daar Frankrijk, dat na den noodlottigen afloop van dezen oorlog reeds genoodzaakt was, zijne posten op de Goudkust in te trekken en dat in Algerië een opstand, die zeer gevaarlijk schijnt, zal moeten bedwingen, thans niet aan de uitbreiding van zijn koloniaal bezit kan denken. Het aangevoerde bewijst echter duidelijk, dat men in Engeland er wel bezwaar in vindt, veroveringskoloniën zoo maar te verlaten, niet die aan eene andere koloniale mogendheid af te staan, zoodra deze door hare overige bezittingen en door haar handel in de af te stane kolonie met meer vrucht als beschaver der inlanders kan optreden.

Met het oog op de bovengenoemde koloniën, door de eene mogendheid aan de andere afgestaan, tot blijvend voordeel van beide partijen; met het oog op de andere bijgebrachte voorbeelden, waar zulk een afstand in het algemeen belang even wenschelijk ware, kan men van het standpunt der hedendaagsche koloniale wetenschap voor afstand van koloniën de volgende regelen stellen.

Volkplantingen, grootendeels, zoo niet geheel bevolkt door bewoners van Europeesche afkomst, mogen niet worden afgestaan, dan wanneer zij, door oorlogsmacht veroverd, bij een nadeeligen vrede moeten worden opgeofferd. Het verlies van zulk eene kolonie is voor den moederstaat niet minder groot dan dat eener provincie van het eigen land. De volkplanters in vreemde werelddeelen behouden de oorspronkelijke eigenaardig heden van het volk, waarvan zij zijn uitgegaan, soms zelfs meer dan de bewoners van het moederland; zoo vindt men volgens de eenparige getuigenis van reizigers onder de landbouwers van Neder-Canada en de Hollandsche boeren in Zuid-Afrika veel eerder den juisten type van den Franschman of Hollander der zeventiende eeuw terug dan ergens in Frankrijk of Nederland. Iets anders is het, wanneer deze volkplantingen door aanwas van bevolking zulk een ontwikkeling verkregen hebben, dat zij rijp geworden zijn, om een zelfstandigen staat te vormen. In zulk een geval zoude het moederland hoogst verkeerd handelen, wanneer het de mondig geworden kolonie met geweld in af hankelijkheid wilde houden. Engeland, de eenige staat, die thans nog eigenlijk gezegde volkplantingen bezit, heeft na de in den Noord-Amerikaanschen oorlog ontvangen les in de poli tiek, die het tegenover deze soort van koloniën standvastig vol houdt, genoeg getoond, dat het zich niet verzetten zal tegen eene scheiding, zoodra de meerderheid der bevolking van Canada of van een zijner volkplantingen in Australië duidelijk den wensch tot geheele onafhankelijkheid te kennen geeft.

Voor *plantazjekoloniën*, waar de bewoners van Europeesche afkomst in verhouding tot den even eens uit vreemde landen overgebrachten arbeiderstand wel niet de meerderheid, maar toch het eenige invloedrijke deel der bevolking uitmaken, geldt bij afstand ongeveer dezelfde regel. Wel betoonen de kolonisten in zulke bezittingen gewoonlijk minder gehechtheid aan het moederland dan die in eigenlijk gezegde volkplantingen en schikten de plantazje-eigenaars in Britsch-Guyana, in de aan Engeland afgestane Fransche en Spaansche Antilles, op Isle de France (nu Mauritius) zich veel spoediger onder het Engelsch oppergezag dan de Fransche en Nederlandsche landbouwers in Canada en de Kaapkolonie. Indien dan ook eene plantazjekolonie in een oorlog verloren ging, is de moederstaat inderdaad niet verplicht, zich voor eene herovering dezelfde opofferingen te getroosten, als het bij eene volkplanting zou moeten aanwenden. Daarentegen ware het mijns inziens onverantwoordelijk, ja een smet op de nacionale eer, zulk eene kolonie buiten oorlogsnoodzakelijkheid te vervreemden, zoolang de Europeesche bevolking daartoe den wensch niet uitspreekt. Sedert de afschaffing der slavernij, na de geheele omwenteling, die de koloniale handel in deze eeuw onderging, mogen de meeste dezer plantazjekoloniën in kwijnenden, schijnbaar reddeloozen toestand verkeeren, een staat, die nog eenig gevoel van eigenwaarde bezit, mag zich van zulke bezittingen evenmin ontdoen, als dat het een armoedige provincie of vervallen fabriekdistrikt, aan wier opheffing men wanhoopt, aan naburige mogendheden te koop zou aanbieden.

Geheel anders is de toestand bij *veroveringskoloniën*, waar slechts betrekkelijk weinig Europeesche ambtenaars, landbouwondernemers, handelaars of industrieelen als beschavers eener talrijke inlandsche bevolking werkzaam zijn, die meerendeels na volbrachten arbeid weder naar het moederland terugkeeren, zonder eigenlijke kolonisten te worden en zich met hun gezin blijvend in de kolonie te vestigen. Bij deze koloniën is de geschiktheid tot staatkundige zelfstandigheid zoo verwijderd, dat wij kortzichtige menschen het best doen, er over te zwijgen, hoe het moederland in zulk een verre toekomst moet handelen. De rampzalige toestand van voortdurende regeeringloosheid, waarin bijna al de republieken van het voormalig Spaansch-Amerika verkeeren, is een sprekend bewijs, hoe noodlottig het voor veroveringskoloniën is, als zij ontijdig hare onafhankelijkheid verkrijgen. Even als een vader, waar zachte middelen niet baten, een strenger tucht op zijn onmondigen zoon moet uitoefenen, is het moederland niet slechts gerechtigd, maar zelfs verplicht, in zulk eene kolonie opstanden der inlandsche bevolking met geweld te bedwingen, maar evenzeer is het zijn dure plicht, zooveel mogelijk door een wijs en rechtvaardig bestuur de aanleiding tot opstand en ontevredenheid te voorkomen. Een staat, die in een of meer dezer veroveringskoloniën een geschikt terrein bezit, waar hij met vrucht als opvoeder der onmondige volken kan optreden, mag dit niet geheel of gedeeltelijk vervreemden, zonder tevens van den rang van koloniale mogendheid afstand te doen, maar hij is daarentegen tot zulk een vervreemding verplicht, waar hij nog uit den ouden tijd der koloniale ijverzucht zulke fossiele koloniën, als ik er boven enkele aanwees, mocht hebben overgehouden: bezittingen, gelegen in het koloniaal domein van een anderen staat, waar hij daardoor zijne opvoedingstaak niet vervullen kan en waar de handhaving van zijn bezit alleen dienen moet, om zonder nut voor zich zelven tot nadeel van den inlander een ander in die grootsche roeping te belemmeren.

Men ziet, dat ik bij bovenstaande regelen over den afstand van koloniën het punt onaangeroerd liet, of de kolonie eenige direkte of indirekte voordeelen aan het moederland afwerpt, dan wel geheel en al een lastpost is. Dit is mijns inziens bij deze kwestie eene totaal ondergeschikte zaak. Zoo prees ik den afstand van Pondichery aan, omdat Frankrijk door het behoud dier bezitting de Engelschen in hun beheer over Britsch-Indië belemmerde, hoewel het uit deze kolonie eene direkte bate trekt. Dit verlies zou bij afstand moeten vergoed worden, even als bij vervreemding van koloniën, die te recht als lastposten gelden, schadeloosstelling moet gegeven worden voor de overgedragen versterkingen, gebouwen, oorlogsmateriëel en al wat in dien zin een bepaald taxeerbare waarde heeft; evenzeer als ook op de kolonie rustende schulden door den nieuwen eigenaar zouden moeten worden overgenomen.

Dat een kolonie voor het oogenblik een lastpost is, is op zich zelf geen reden tot afstand. Zulk een bezitting kan door meer voor hare ontwikkeling te doen of door verandering van omstandigheden rentegevend worden, zoo als men in onze Oost gezien heeft in het niet lang geleden zoo onbeduidende, thans reeds in vele opzichten zoo belangrijke Manado, Riouw en Biliton, vooral op Sumatra's Westkust, welk goevernement nu reeds ruimschoots de groote opofferingen vergoedt, die wij voor dertig jaar aan de onderwerping der bovenlanden hebben besteed. Ook kan het behoud eener bezitting, aan wier ontwikkeling men op goede gronden wanhoopt, noodzakelijk zijn, omdat die gelegen is in het eigenaardige kolonizacie-domein eener mogendheid en dus niet zonder schade voor de voordeelige bezittingen, die men volstrekt behouden wil, kan worden vervreemd. De eigenaar van een uitgestrekt landgoed, dat behalve rentegevende weiden, bouwland en boschgrond, ook vele onontgonnen gronden omvat, zal, al is hij voor het oogenblik niet bij machte, die heidegronden in kultuur te brengen, ze daarom niet verkoopen, wanneer hij slechts de hoop mag koesteren, dat hij dit later zal kunnen doen. Hoeveel te meer dan een staat, die bij zijne politiek niet uitsluitend letten moet op de belangen van het oogenblik, maar steeds het oog moet vestigen op de behoeften der nakomelingschap.

Voor eene veroveringskolonie beschouw ik de gelegenheid tot uitbreiding, hetgeen ik zou noemen hare expansieviteit, als een goede eigenschap. Al erken ik gaarne, dat Engelschen en Nederlanders in Indië veel te snel van die gelegenheid hebben gebruik gemaakt, al acht ik met andere landgenooten eene matiging onzer uitbreidingspolitiek in den Arsjipel hoogst noodig en al was ik juist, opdat zulks voortaan naar vaste regelen, niet onder de blinde leiding van het toeval geschiede, een voorstander van eene afzonderlijke direkcie voor de Buiten- bezittingen, reeds voordat de regeering daartoe het voorstel deed [1], evenzeer zou ik het afkeuren, dat men met geheele verwaarloozing van toekomstige belangen vrijwillig die gelegen- heid tot uitbreiding in den Arsjipel afsneed. Hoe ontzettend uitgebreid ons rijk van Insulinde moge zijn; hoe vele deelen daar- van te nauwernood bekend, ja zelfs nimmer door een Europeaan bezocht zijn, toch zou ik niet weten, welk deel daarvan wij zonder schade voor de toekomst zouden kunnen afstaan. Misschien

---

[1] Zie mijne redevoeringen in de *Handelingen van het Indisch Genootschap* van 27 Maart en 15 April 1866.

de slechts in naam onder ons gezag staande westelijke helft
van Nieuw-Guinee, waarvan de kustlijn nog niet eens behoorlijk
is opgenomen. Toch doen ook daar die tot dusver slechts uit de
verte aanschouwde, in een tropisch klimaat zoo begeerlijke
sneeuwbergen mij huiveren, den raad te geven, om zonder
nader onderzoek dit alpen-regioen van den Archipel te vervreemden.

Met kracht moet ik mij dan ook verzetten tegen de denkbeelden, vooropgezet in een hoofdartikel van *Het Noorden* van
15 Februari onder den omineuzen titel : *Verkoop van koloniën.* [1] Ik
weet wel, dat men maar al te dikwijls met koloniën en provinciën handelde, als waren deze eenvoudige koopwaren, maar
moet mij toch verbazen, nu ik zulke beginselen verkondigd zie
door hen, die zich zoo gaarne voor de mannen van vooruitgang
bij uitnemendheid willen uitgeven. Het gaat echter met vrijheid
en vooruitgang als met den godsdienst; zij, die de woorden het
meest in den mond hebben, brengen maar al te dikwijls de beginselen het slechtst in praktijk. De schrijver van dit artikel
wil niet alleen, hetgeen ik zeer verklaarbaar vind, dat Nederland afstand doe van zulk een koloniaal fossiel als onze bezittingen ter Kuste van Guinee, maar hoopt ook, dat het achtereenvolgens onze West-Indische koloniën, Borneo, Celebes en
de Molukken zal vervreemden, om zich voortaan uitsluitend tot
het bezit van Java, Sumatra en de tineilanden te bepalen.

De afstand onzer West-Indische bezittingen, alle plantazjekoloniën, waar zoovele onzer landgenooten gevestigd zijn, ware,
zoo als ik boven aanwees, een schandvlek voor onze nacionale
eer, tenzij de kolonisten zulks zelf mochten verlangen. Het
tegendeel is echter krachtig gebleken uit de waardige protesten
van de vertegenwoordiging, de pers en de ingezetenen dier
koloniën, toen, treurig genoeg, enkele stemmen in onze tweede

---

[1] Ik zou dit dagblad na zijn ondergang niet bestrijden, indien *Het Noorden*,
dat veelal botweg uitte, wat velen verzwijgen, ook in dit geval niet denkbeelden
verkondigd had, die zoo als mij nu en dan bleek, door meer personen, dan
men wel denkt, gedeeld worden.

kamer zich voor dit denkbeeld hadden verklaard. Waarom wij ons van Celebes zouden terugtrekken, begrijp ik volstrekt niet; daar toch is de bloeijende Minahassa reeds nu alles behalve een lastpost; levert Makassar, als vierde of vijfde handelstad van Neerlandsch-Indië, niet te versmaden indirecte voordeelen, terwijl na de onderwerping van Boni ons territoriaal beheer over het geheele zuidelijke schiereiland met de zoo nijvere, voor veel ontwikkeling vatbare Makassaarsche en Boegineesche bevolking in een niet al te verwijderd verschiet gunstige vooruitzichten belooft. Van de toekomst der Molukken koester ik minder goede verwachtingen, vooral niet van de ontwikkeling van het uitgestrekte Borneo, zoo dun bevolkt en dan nog meest door wilde, half nomadische Dajaksche stammen. Toch zal de bezitter der rijke en beschaafde eilanden van den Arsjipel, die als zoodanig daar een aanzienlijke land- en zeemacht moet onderhouden, eer eenige beschaving brengen in de nog zoo achterlijke deelen van dit geheel, dan ieder andere mogendheid, die behalve Borneo en de Molukken geene of alleen verafgelegen koloniën bezit. Het verlies van ons prestizje bij den inlander is een zoo dikwijls misbruikt argument, dat ik bijna aarzel, dit te berde te brengen, Men kan, onder anderen, moeilijk een glimlach bedwingen, als men in ernst hoort beweren, dat de afstand der Kust van Guinee ons in de oogen der Javanen en Maleijers zou vernederen, maar bij de aanzienlijke inlandsche scheepvaart tusschen de verschillende eilanden van Neerlandsch-Indië, behoeft het toch geen uitvoerig betoog, dat de afstand van een dier eilanden wel degelijk ons staatkundig overwicht in den Arsjipel zou verzwakken.

De schrijver van bovengenoemd artikel grondt zijn zonderling betoog vooral hierop, dat het kleine Nederland niet bij machte is, die talrijke eilanden van den Archipel naar behooren te ontwikkelen. Voor het tegenwoordige stem ik dit toe; het is een der schadelijke gevolgen, dat wij ons met en zonder noodzakelijkheid te snel hebben uitgebreid. Hij vergeet echter geheel, dat ieder der tegenwoordige koloniale mogendheden niet minder rijk voorzien is van zulke naar beschaving snakkende bezittingen.

Engeland bijvoorbeeld heeft, om van zijn nederzettingen in West-Afrika te zwijgen, er een aantal in verschillende *non-regulated provinces* en vassalstaten van Britsch-Indië. Wanneer daarentegen de staten van Europa, die nog geene koloniën bezitten, zoo als het Duitsche Rijk, Italië, Oostenrijk, zich die luxe zouden willen aanschaffen, moesten ze met blindheid geslagen zijn, indien ze het eerst het oog vestigden op zulke uitgestrekte landen als Nieuw-Guinee of Borneo, waar door de geringe, geheel of half wilde bevolking het allereerste gegeven voor een goede veroveringskólonie ontbreekt.

Indien gezegde publicist zich dan ook verbeeldt, dat Engeland en Duitschland zoo begeerig uitzien naar Neerlandsch-Indië en meent, dat wij dien boozen blik alleen kunnen afwenden, door hun af te staan, wat ons eigenlijk zelf tot last is, dan toont hij daardoor een volslagen onbekendheid, met hetgeen in den laatsten tijd omtrent dit punt gebleken is. Engeländ toch, dat in Britsch-Indië, sedert het onder het rechtstreeksch bestuur der kroon is gebracht, zoo veel mogelijk alle uitbreiding tegengaat en zelfs de reeds afgekondigde inlijving van inlandsche staten, zoo als die van Dholpoer, heeft vernietigd; Engeland, dat toen hem in 1858 de soevereiniteit over den vruchtbaren Fidsji-Arsjipel, ongeveer zoo groot als twee derde van ons koningrijk in Europa, werd aangeboden, geweigerd heeft, dit kostelijk geschenk te aanvaarden; Engeland, dat na zijn roemrijken veldtocht in Abessynië, geen gebruik gemaakt heeft van de schoone gelegenheid, om in dat heerlijke alpen-land eene kolonie te vestigen — eene aanvechting te verlokkender, omdat al de landen nabij de Roode Zee na de opening van het Kanaal van Suez eene nieuwe ontwikkeling te gemoet gaan; ditzelfde Engeland zal niet buiten dringende noodzakelijkheid koloniale lastposten van andere mogendheden overnemen. Maar Duitschland dan, hoor ik zeggen, het vroeger zoo verdeelde, politiek onmondige Duitschland, thans binnen weinig jaren in een machtig rijk herschapen; Duitschland, dat reeds in de dagen zijner machteloosheid door rusteloozen ijver zulk een belangrijk aandeel in den wereldhandel en de transatlantische scheepvaart vreedzaam wist te veroveren, zal nu ook als koloniale zeemogendheid willen optreden. Schijnbaar heeft deze bewering eenigen grond, maar om schijn van werkelijkheid te onderscheiden, is het noodig, die wat nader te onderzoeken.

II.

DE KOLONIZACÍEPLANNEN DER DUITSCHERS.

Onder de koffie drinkende Duitschers zijn velen, vooral in Rijnland en Westfalen, en daardoor nader bekend met den rijkdom en bloei van ons gezegend vaderland en met de voordeelen, die wij uit onze koloniën trekken, zeer belust op koloniaal bezit. Na de gebeurtenissen van 1866 zijn er dan ook verschillende plannen geopperd, om hier of daar Duitsche koloniën te vestigen. Reeds kort te voren had D[r]. O. Kersten, de medgezel van den beroemden Afrikaanschen reiziger Baron Carl von der Decken, zulk eene vestiging op Afrika's Oostkust aangeraden [1], hetzij nabij Mombas, of iets noordelijker aan den mond der rivier Djoeba, waar men door de nabijheid van den 20,000 voet hoogen, door von der Decken grootendeels beklommen Kilima-Ndsjaro, den Kenia en andere sneeuwbergen op niet te verren afstand een voor Europeesche kolonisten zeer geschikte bergstreek zou aantreffen. In 1868 en 1869 schreven twee in Australië gevestigde Duitschers, een koopman en een predikant, aan D[r]. Petermann ter aanbeveling eener Duitsche kolonie op het oostelijk schiereiland van Nieuw-Guinee [2]. Vooral curieus zijn twee geschriften, die gelijktijdig in April 1867 het licht zagen [3]. Het eene is van Franz Maurer, die blijkens ver-

---

[1] *Zeitschrift der Gesellschaft für Erdkunde zu Berlin*, Th. I, s. 110—113.
[2] Men vindt hunne brieven in de *Mittheilungen aus Justus Perthes' geographischer Anstalt*, 1869, s. 401.
[3] Franz Maurer, *Die Nikobaren, Colonial-Geschichte und Beschreibung nebst motivirtem Vorschlage zur Colonisation dieser Inseln durch Preussen*,

2

schillende opstellen in het zoo verdiensteljke weekblad *Das Ausland* zich veel met land- en volkenkunde bezig houdt en reeds in 1851, toen hij in het beroemde etnografisch museum van Koppenhagen de goevernementstokken zag, die Denemarken in vroeger jaren aan inlandsche hoofden op de Nikobaren had gegeven, op het idee kwam, dat Duitschland deze door de Denen verlaten eilanden in bezit moest nemen. Het andere is van den assessor Friedel, die de eerste Duitsche kolonie op het niet door de Chineezen bezette, nagenoeg geheel onbekende deel van Formosa wil aanleggen. Beide schrijvers hebben met echt Duitschen ijver veel bijeenverzameld, wat over de Nikobaren en Formosa al zoo geschreven is en niet verzuimd, daarvoor Deensche en Hollandsche bronnen te raadplegen. Uit dien hoofde is vooral Maurers werk wegens de door hem gebruikte zeldzame Deensche boekjes over de Nikobaren voor de aardrijkskunde van blijvend belang. Beide zetten zeer uitvoerig uiteen, hoe die eerste vestiging naar hun idee moet geschieden. Friedel levert bovendien nog een geleerd betoog, welk stelsel van kolonizacie Pruisen moet aannemen. Verlekkerd door de gunstige berichten over ons kultuurstelsel, maar geheel onbekend, naar het schijnt, met de gewichtige bezwaren, hier te lande daartegen sedert lang ingebracht, wil hij dit in hoofdzaak op Formosa overbrengen. Is dit eiland op ons voetspoor in eene schoone, rijke voordeelen afwerpende kultuurkolonie herschapen, dan kan Duitschland in het onder den Chineeschen wal gelegen Aimoi een tweede Hongkong vinden en zich verder naar hartelust over het onafhankelijke deel van Borneo, Nieuw-Guinee en de oostwaarts gelegen eilanden uitbreiden.

Geen dezer plannen, dat van Dr. Kersten alleen uitgezonderd, is een oogenblik bestand tegen ernstige kritiek. Eene bezetting der Nikobaren zou zeker niet bezwaarlijk zijn, maar die arsjipel kan wegens zijn geringe uitgestrektheid alleen als

Berlin 1867; Ernst Friedel, *Die Gründung preussisch-deutscher Coloniën im Indischen und Grossen Ocean mit besonderer Rücksicht auf das östliche Asien. Eine Studie im Gebiete der Handels- und Wirthschafts-Politik.* Berlin 1867.

marinestacion dienen en ligt daarvoor te veel binnen het kolonizacieterrein der Engelschen en te ver buiten den gewonen
koers der Duitsche koopvaarders, die in de Oostersche wateren
het meest de Oostkust van Afrika en de Chineesche Zee bezoeken. Daarvoor ligt nu Formosa veel gunstiger, dat zeker ook
de stof voor een goede veroveringskolonie oplevert, maar men
moet het dan ook eerst veroveren en dit is geen kleinigheid,
als men bedenkt, dat er volgens Friedel zelf ruim een half
millioen Chineezen wonen en wat ons Nederlanders het bedwingen der 25,000 Chineezen op Borneo's Westkust gekost
heeft. Toch meent Friedel, dat de kolonizacie van Formosa der
Pruisische regeering weinig zal kosten. Voor het eerste jaar is
een bezetting van een tweeden luitenant met 20 man voldoende,
— de als militair veel praktischer Maurer geeft reeds dadelijk
voor de kleine Nikobaren hooger cijfer op — in het tweede jaar
een eerste luitenant met 50 man, in het derde een kapitein
met 120 man; de schrijver wil toch, dat de Pruisische bezettings-
troepen jaarlijks verwisseld worden.

Maar genoeg reeds over zulke fantastische droombeelden. Laat
ons nu zien, hoe in Duitschland werkelijke deskundigen over
deze kwestie oordeelen Nauwelijks was de mare van Sadowa
tot het verre Oosten doorgedrongen, of de sultan van Solok,
die reeds vruchteloos, om de hem zoo lastige omknelling van Spanje
te ontkomen, de soevereiniteit over zijn rijk aan Engeland had
aangeboden, gaf aan een Duitschen koopvaardijkapitein een
brief mede, waarbij hij aan Oewilyan Datoe Radjah Parsoen,
dat is op zijn Maleisch Willem Koning van Pruisen, hetzelfde
aanbod herhaalde. Naar aanleiding van deze in de Pruisische
geschiedenis ongehoorde gebeurtenis, stelde mijn geachte vriend
Prof. Koner, de kundige redakteur van het bovengenoemde tijdschrift van het Berlijnsche genootschap voor aardrijkskunde, uit
een aantal Spaansche en Engelsche, Fransche en Hollandsche
geschriften een uitmuntende beschrijving van dien arsjipel zaam. [1]

---

[1] *Der Suluk-Archipel* in *Zeitschrift der Gesellsch. fur Erdk.* II, s. 105 —142
met uitvoerige kaart.

Hoewel hij aan het kontrakt van 19 April 1851, waarbij de
sultan van Solok de soevereiniteit van Spanje moest erkennen,
tegenover andere Europeesche mogendheden geen kracht schijnt
toe te kennen, omdat Spanje in weerwil van die verbintenis
zijn gezag op Solok niet voldoende kan handhaven, begrijpt hij
zeer goed, dat Pruisen, door het protektoraat over die eilanden
te aanvaarden, aansprakelijk zou gesteld worden voor al de zeerooverijen, die de Solokkers verder in den Indischen Arsjipel
mochten bedrijven en zoo doende met al de daar het meest
belanghebbende naciën, zoo als de Spanjaarden, Nederlanders en
Engelschen, in tallooze verwikkelingen zou geraken. Hij ontraadt
dan ook de inbezitneming met deze woorden (bl. 120): „Man
„hüte sich, Niederlassungen zu gründen, wenn man nicht im
„Stande ist, sie zugleich gegen alle Eventualitäten dauernd zu
„schützen; man hüte sich, den Anträgen eines Suluh-Sultanes
„Gehör zu schenken, ohne zuvor zu prüfen, ob die inneren
„Verhältnisse des Suluh-Reiches, ob ein vielleicht einseitig vom
„Sultan begehrtes Freundschaftsbündniss überhaupt irgend eine
„Garantie für die Heilighaltung der Verträge bieten können,
„endlich ob die Productivität dieser Inseln irgend ein Aequi-
„valent zu den Kosten giebt, welche eine solche Niederlassung
„in Anspruch nehmen dürfte.‟

Eveneens nam August Petermann, Duitschlands beroemde
geograaf en als zoodanig meer dan oppervlakkig met koloniale
toestanden bekend, de beide boven vermelde brieven over een
Duitsche kolonie op Nieuw-Guinee wel in zijn tijdschrift op;
sprak als aardrijkskundige den wensch uit, dat het binnenland
van dit uitgestrekte gebied, minstens even groot als de gezamenlijke omvang van Groot-Brittanje en den Noord-Duitschen Bond,
eindelijk eens nader worde onderzocht, maar opperde over de
kolonizacieplannen der Duitschers de volgende gewichtige beden-
kingen (t. a. pl. bl. 405): „Die Idee einer selbständigen Deut-
„schen Kolonie ist nich neu, sondern gerade auch in der seit
„1866 verflossenen Zeit der letzten drei Jahre wiederholt
„ventilirt und eingehend besprochen, privatim und öffentlich.
„Ob die Glanzperiode Europäischer Kolonialbesitze nicht hinter

„ uns liegt; ob der Nutzen und die Wichtigkeit neuer Kolonien
„ für das Mutterland so gross ist, als die Kolonie-süchtigen
„ annehmen; ob die Abneigung eines Staates wie England, mit
„ einem so mächtigen Seewesen, gegen die Erwerbung neuer
„ Kolonien, selbst dann, wenn ihm die üppigsten Inselgruppen,
„ wie die Fitschi-Inseln, wie auf einem Präsentirtellen entgegen
„ getragen werden, nicht auch für andere Länder eine bedeut-
„ same und heilsame Lehre bilden dürfte; ob vor Allem Deutsch-
„ land nicht so viel wichtige Dinge daheim zu schaffen hat, dasz
„ auf Jahre hinaus an so Etwas nicht zu denken ist — das
„ sind lauter Fragen, auf derer Erörterung wir nicht eingehen
„ wollen, und über welche wir uns überhaupt des Urtheils
„ begeben, wenigstens bei dieser Gelegenheit." ·

Hoe is nu in deze kwestie de houding der Pruisische regeering, zonder wier krachtige medewerking aan geen Duitsche
koloniën te denken is? Leent zij gretig het oor aan het geschrijf
van opgewonden plannenmakers of wint zij den raad in van
bedachtzame priesters der wetenschap? Het aangeboden protektoraat over Solok werd niet aanvaard; de boven vermelde Duitsche
koopman kreeg op de zes memoriën, die hij over de kolonizacie
van Nieuw Guinee aan het ministeric van koophandel te Berlijn
inzond, meedogenloos niet eenmaal antwoord; aan den dringenden
raad der heeren Maurer en Friedel, om ten spoedigste een
Pruisisch oorlogschip uitterusten, dat de Nikobaren in bezit
nemen of een kolonie op Formosa vestigen zou, is geen gehoor
verleend. Bovenal verdient het de aandacht, dat de Duitsche
staatslieden nu bij het sluiten van den vrede niet getracht
hebben, een of meer koloniën van Frankrijk te verkrijgen,
hoewel men in Hamburg en Bremen herhaaldelijk daarop heeft
aangedrongen. Eene zoo schoone gelegenheid als deze komt niet
licht terug. Wanneer men toch bedenkt, hoe weinig belang de
Fransche nacie zelve in hare transatlantische koloniën stelt, hoe
gering het aandeel is van den Franschen handel op de bezittingen beoosten de Kaap de Goede Hoop, hoe weinig het
gescheeld heeft, of men had in 1864 het nauwelijks, met betrekkelijk geringe opofferingen, veroverde Cochinchina weer

ontruimd, dan lijdt het geen twijfel, of de Fransche onderhandelaars hadden gaarne eenige vooral der eerst in deze eeuw
gevestigde Fransche koloniën tegen vermindering der zoo hooge
oorlogschatting afgestaan.

Graaf Bismark had dus slechts te kiezen. Natuurlijk zou hij
zijn oog niet gevestigd hebben op Pondichery, dat Engeland
in 1814 slechts met beperkte soevereiniteitsrechten aan Frankrijk
heeft teruggegeven en dat voor Duitschland geen het minste
belang kan hebben. Begeerde hij daarentegen eene groote veroveringskolonie, hij vond in het prachtige Cochinchina, al wat
men als zoodanig verlangen kon: een vruchtbaar land, door-
sneden door tallooze rivieren en kreken; eene reeds vrij beschaafde, rustige, gezeten en nijvere, dus makkelijk beheer- en
belastbare bevolking van ruim één millioen zielen, binnen weinig
jaren door de Franschen onderworpen; eene gunstige ligging
voor den Duitschen handel, die nu reeds de haven van Saigon
meer bezoekt dan de Fransche koopvaarders; alle gelegenheid
tot uitbreiding over het reeds onder Fransch protektoraat staande
Kambodja en verder over het geheele stroomgebied van den
Mekong; kortom eene kolonie, die bij meerdere ontwikkeling,
ook zonder oorlogsgeweld, een overwegenden invloed moet
uitoefenen op rijken als Siam en Annam, over het geheele
oosterdeel van Achter-Indië en onder goed regeeringsbeleid na
eenigen tijd de kosten van beheer kan dekken [1]. Wilde
hij met het oog op de aanzienlijke som, die Cochinchina nog

---

[1] Een kritisch overzicht van de verovering van Cochinchina door de Franschen plaatste ik in de *Koloniale Jaarboeken* voor 1864, bl. 1— 36; sedert
heeft de Fransche regeering in 1867 nog de drie westelijke provinciën van Cochin-
china bijna zonder eenige bloedstorting in bezit genomen. In 1864 werd Saigon
bezocht door 75 Duitsche en 82 Fransche schepen, onder welke laatste echter
23 mailbooten en 30 schepen, geheel of grootendeels van regeeringswege bevracht
met allerlei behoeften voor de bezetting, zoodat de Fransche partikuliere handel
er nog niet de helft der schepen heenzond als de Duitsche. Deze en andere
statistieke opgaven over de transatlantische bezittingen der Franschen ontleen ik
aan de zorgvuldig bewerkte *Notices sur les colonies françaises, accompagnées
d'un atlas de 14 cartes, publiées par ordre de s. exc. le marquis de Chasseloup-
Laubat, ministre secrétaire d'état de la marine et des colonies*. Paris 1866.

steeds aan de Fransche schatkist kost, niet terstond zoo hoog vliegen en zich vooreerst tot het verkrijgen eener kleinere kolonie bepalen, dan had hij den afstand kunnen bedingen van Mayotte en onderhoorige Fransche eilanden bewesten Madagaskar, allergunstigst gelegen als marinestacion ter bescherming van den op Afrika's Oostkust zoo aanzienlijken handel onder Duitsche vlag, ook om van daaruit later eene vestiging op die kust te beproeven.

Noch het een, noch het ander is geschied, ik erken gaarne tot mijne bevreemding, zelfs tot mijn leedwezen. Hoe meer toch de groote mogendheden zich in koloniale aangelegenheden wikkelen, hoe meer zij de lusten, maar ook al de lasten van koloniën ondervinden, des te minder zullen zij de rust van Europa verstoren. Dat zulks niet geschied is, is voorzeker wel het sterkste bewijs, dat de Pruisische regeering óf niet zoo bijzonder op koloniaal bezit gesteld is, of althans dit niet tracht te verkrijgen, voordat zij door versterking harer oorlogsvloot in staat is, zulks tegen alle eventualiteiten te beschermen. Ook hieruit ziet men wederom, dat de tegenwoordige leider der Duitsche staatkunde wel ontzettend veel durft, maar juist daarom zulk een groot staatsman is, omdat hij, tot dusver ten minste, steeds zijn durven gehouden heeft in overeenstemming met de krachten, waarover hij beschikken kan, nooit de perken overschreed van het wel begrepen eigenbelang van den staat, dien hij bestuurt.

Men verschoone mij deze uitweiding, eenigzins vreemd aan mijn onderwerp. Zoo gaarne zoude ik toch, ware het mij mogelijk, iets bijdragen, om zoo vele mijner door dwaze Pruisenvrees ontstelde landgenooten tot bezinning te brengen, hen te leeren, de gebeurtenissen van den dag kalm en manmoedig te beoordeelen. Waarlijk men zou er mistroostig onder worden, als men let op het overdreven misbaar in het meerendeel onzer pers, niet alleen in onze voornaamste konservatieve bladen, niet alleen in de organen eener hier te land niet te huis behoorende demokracie, steeds de trouwe wegbereider der reakcie, maar helaas ook in de *Arnhemsche Courant* tot voor weinig jaren — in de *Nieuwe Rotterdamsche Courant*, nog heden in elk ander opzicht zulk een wakker strijder voor ontwikkeling en vooruitgang. Hoe is het mogelijk, dat die onberedeneerde vrees het oordeel benevelt van mannen, zoo ervaren in de geschiedenis, als een Groen van Prinsterer, generaal Knoop, mijn hooggeschatte vriend Prof. Quack? Waartoe kan dit onmannelijk angstgeschreeuw anders leiden dan tot ontzenuwing van onzen volksaard? Moet niet die scheeve voorstelling der wereldhistorische feiten, die om ons plaats grijpen, bewerken, dat men de geschiedenis van het verleden vergete, de geschiedsbeschouwing van het heden vervalsche, en voor de toekomst bederve?

Is het geen zegen voor de rust en welvaart van Europa, dat eindelijk de militaire overmacht gefnuikt is van Frankrijk, dat, steeds op oorlogsroem belust, sedert drie eeuwen provinciën en steden op zijne naburen veroverde of wel zijne vorsten verguisde, die eene vredelievende politiek volgden? Wij Nederlanders hebben toch niet vergeten, wat de Gallische oorlogszucht ons aan geld en tranen in deze en vorige eeuwen heeft gekost. Zouden wij dan niet juichen, dat het stamverwante Duitschland, zonder eenig recht aangevallen, tot loon voor zijn heldenstrijd, de hem vroeger soms op de onrechtvaardigste wijze ontroofde telgen weer tot zich neemt, ook al zijn die door de walgelijke omhelzingen van den overweldiger tijdelijk van het vaderhart vervreemd; dat het de wapenplaatsen, tot het overvallen zijner landsdouwen opgericht, als bolwerken tegen den eeuwigen rustverstoorder bezigt? Nederland, de eersteling der Germaansche naciën, dat in de zestiende eeuw Engeland en Duitschland zooveel in ontwikkeling vooruit was, behoeft het waarlijk Duitschland niet te misgunnen, dat dit eindelijk ook tot staatkundige eenheid en kracht gerijpt is. Mocht het onverhoopt noodig zijn, dan zal het, zoo ontaard zijn wij nog niet van onze vaderen, zijne onafhankelijkheid ook tegen dien stamverwant handhaven, even als het voor twee eeuwen naast het tot politieken wasdom gekomen Engeland bleef bestaan.

De jammerkreten over den laatsten oorlog en zijne gevolgen spruiten helaas voort uit een onverantwoordelijken twijfel aan het voortbestaan onzer nacionaliteit, wier kracht minder nog berust op de natuurlijke sterkte van ons aan de wateren ont-

woekerd land, dan wel op eene volkshistorie, zoo als geene
andere natie die bezit, op onze letterkunde zoo veel ouder dan
de Duitsche, bovenal op onze eigen taal, waarin naar verhouding zooveel meer geschreven en gelezen wordt. Zulk een volk,
dat, hoe klein ook, minstens drie en een half millioen zielen
telt, kan door een zamenloop van noodlottige omstandigheden,
bij zorgeloosheid of flauwhartigheid zijner aanvoerders, wel
tijdelijk overmeesterd, niet duurzaam overheerd worden. En nu
meent men, dat het denkende, bezadigde Duitschland zulks
toch beproeven zou, dat het in Nederland een tweede Polen of
Venecië zou begeeren? Met welk doel? Om onze zeehavens en
koloniën te bezitten, terwijl het machtelooze verdeelde Duitschland uit eigen havensteden zoo talrijke handelsvloten uitzond
en dus ook daarin, zoodra het er de kosten voor over heeft,
even aanzienlijke zeemacht kan uitrusten, terwijl het nimmer
door overweldiging van ons land het bezit van Neerlandsch-
Indië zou verkrijgen. Zoo lang de teugels der Duitsche staatkunde in zoo bezonnen handen zijn als thans, behoeft men
waarlijk zoo iets niet te vreezen. Ik erken, dat dit veranderen
kan. Ik ontken volstrekt niet, dat onze machtige oostelijke
nabuur op een gegeven oogenblik gevaarlijk zijn kan. Dit
gevaar was echter in de laatste vier jaar even groot, ja zelfs
grooter; zoo lang toch de oude erfveete tusschen Frankrijk en
Duitschland niet was uitgestreden, bestond de mogelijkheid, dat
beide machten zich ten koste van Belgiës en Nederlands onafhankelijkheid verzoenden. Ik verzet mij dan ook niet in het
minste tegen het nemen der noodige verdedigingsmaatregelen,
te lang reeds verzuimd, maar bestrijd alleen het thans zonder
schijn van reden aangeheven geroep: de wolf, de wolf! Blijkt
het spoedig, hoe ijdel dit geschreeuw is, dan zal men wellicht
weder inslapen, op nieuw het noodige verzuimen en ten slotte
weder niet gereed zijn, als deze of een andere wolf werkelijk
eens in aantocht is.

III.

VRAGEN BIJ DE BESLISSING, OF NEDERLAND DE KUST VAN GUINEE ZAL AFSTAAN.

Nu de Nederlandsche regeering aan vertegenwoordiging en nacie het voorstel doet tot afstand onzer bezittingen ter Kuste van Guinee, dat treurig overschot onzer Afrikaansche koloniën, moet men, mijns inziens, dit voorstel maar niet eenvoudig goed keuren met de armzalige redeneering: het is een lastpost, die den staat jaarlijks anderhalve ton kost, zonder ons eenige noemenswaardige indirekte voordeelen op te leveren. Maar evenmin moet men dien afstand bestrijden met niets dan groote woorden en holle frases, alsof Nederland, dat in deze eeuw na het herstel zijner onafhankelijkheid zijn koloniaal bezit in den Indischen Arsjipel zoo ontzettend heeft uitgebreid en dat, welke matiging men voortaan ook in die uitbreidingspolitiek moge brengen, zich daarvan stellig niet geheel zal kunnen onthouden, nu van zijn hoog standpunt als koloniale mogendheid zoude afdalen, wanneer het zich van deze onbeduidende bezitting ontdeed. Zooveel is zeker, dat die kolonie nu reeds sedert lang in een allertreurigsten toestand verkeert en dat wij met het doen voortduren van dien staat van verval en kwijning geen roem zullen behalen. Wil Nederland dus de Kust behouden en niet voortdurend die smet op zijne eer laten kleven, dan moet het daar meer ontwikkeling brengen. Zij die zich zoo sterk tegen den afstand verzetten, mochten dus wel eerst overwegen, welke krachtsinspanning en geldelijke opofferingen zulks zal vereischen en welke praktische voordeelen men dan nog in de toekomst van die bezitting mag verwachten.

Om in deze gewichtige kwestie eene goede beslissing te nemen, late men zich dus niet leiden door zucht tot bezuiniging, die, hoe prijzenswaardig ook op zich zelf, in het staatsbestuur, waarbij men ook op de toekomst moet letten, licht verkeerd kan werken, noch medeslepen door een in dit geval al zeer misplaatst beroep op de nacionale eer en roemrijke historische herinneringen, maar ga te rade met hetgeen een verlichte

handelspolitiek voorschrijft en de tegenwoordige koloniale wetenschap leert, zoeke licht bij de ervaring, wat men bereikt heeft
in andere koloniën op Afrika's Westkust, tot wier ontwikkeling
in den laatsten tijd veel moeite en groote kosten zijn aangewend.
Van dit standpunt stelle men zich dan de volgende vragen ter
beantwoording:

1o. Is het behoud der Kust noodzakelijk of gewenscht voor
den in de laatste jaren belangrijk toegenomen Nederlandschen
handel op West-Afrika — een handel, die zulk een schoone
toekomst belooft?

2o. Is die kolonie voor Europeanen een geschikt terrein tot
vestiging van groote landbouwondernemingen en waarvan dus
het moederland bij meerder krachtsinspanning in een niet te
zeer verwijderd verschiet voordeelen mag verwachten?

Moet men na zorgvuldig onderzoek deze beide vragen ont-
kennend beantwoorden, dan rest er nog een derde vraag,
gegrond op het besef van het onnoemelijke kwaad, dat wij
Nederlanders, even als andere Europeesche naciën door den
slavenhandel bedreven, namelijk deze:

3o. Wat zijn onze verplichtingen jegens de inlanders op de
Kust? Is het onze roeping, daar te blijven en daar, wat het
ook kosten moge, zonder hoop die moeite ooit vergoed te zien,
beschaving en ontwikkeling te brengen? Of is het onze plicht,
deze taak over te dragen aan eene andere mogendheid, in vorige
eeuwen even schuldig als wij, door den loop der omstandigheden in deze eeuw meer geschikt tot het volbrengen dier
moeijelijke, weinig succes belovende taak en nu ook bereid, ons
aandeel daarin over te nemen?

Moet men ook deze vraag in den laatsten zin beantwoorden,
dan kan Nederland met gerust geweten, zonder vrees voor zijn
goeden naam, die bezitting afstaan. Voor een staat geldt toch
evenzeer als voor ieder mensch, dat het vervullen van een
plicht, min aangenaam voor nacionale of persoonlijke ijdelheid,
niet in strijd kan zijn met een welbegrepen gevoel van eer, ons
niet kan vernederen in het oog van tijdgenoot of nakomeling.

IV.

DE WEDERGEBOORTE VAN DEN HANDEL OP WEST-AFRIKA.

Bij het onderzoek, welk belang de Nederlandsche handel op West-Afrika heeft of hebben kan bij het behoud van ons tegenwoordig koloniaal bezit aldaar, moet men er vooral op letten, dat Noord-Amerikanen en Duitschers, die hoegenaamd geene koloniën bezitten, aan den West-Afrikaanschen handel een belangrijk aandeel nemen, bovendien dat Franschen, Nederlanders en Engelschen daar veel grooter handel drijven op de onafhankelijke, door geen Europeesche mogendheid bezette gewesten dan op hunne koloniën in deze wereldstreek. Dit laatste hebben de bestrijders van den afstand uit het oog verloren en hunne redeneeringen over het handelsbelang der Kust berusten geheel op de verwarring van deze twee zoo verschillende zaken: den Nederlandschen handel op onze eigen kolonie en dien op de Kust van Guinee in het algemeen, eene verwarring, die bij weinig ervaring in de handelsgeografie van onzen tijd licht ontstaan kon uit den officieelen naam onzer kolonie: Nederlandsche bezittingen op de Kust van Guinee. Wel liggen die bezittingen op die kust, maar zij beslaan slechts een zeer gering en dan nog door bijzondere omstandigheden, zoo als het volslagen gemis eener voor zeeschepen bevaarbare rivier, voor den handel weinig belangrijk deel van dit uitgestrekt gebied. Zelfs met uitzondering van het door de Portugeezen nog onder Guinee begrepen Senegambië en van West-Afrika bezuiden den evenaar of Neder-Guinee, bestaat de Kust van Guinee, het Opper-Guinee der aardrijkskundigen, nog altijd uit de Kust van Sierra-Leone, Liberia (de voormalige Peper- of Greinkust), de Tandkust, de Goudkust, de Slavenkust, eindelijk uit de aan rivieren zoo rijke Bocht van Guinee, welke streek vroeger dikwijls de Kust van Benijn, nu veelal de Palmoliekust genoemd wordt. Sedert meer dan eene eeuw bezitten wij Nederlanders alleen versterkte punten op de Goudkust, zoodat wij, om verwarring te voorkomen, onze kolonie ter Kuste van Guinee veeleer de Nederlandsche Goudkust moesten noemen.

Wanneer men in het oog houdt, dat onze hier te lande opgemaakte handelstatistiek berust op de opgaven, aan de zeekantoren bij het in- en uitklaren der schepen gedaan; dat zulke geografische benamingen, als Goud- of Slavenkust, zelfs Kust van Guinee geene bepaalde, algemeen aangenomen grenzen hebben, zoodat men daarvoor bij verschillende schrijvers zeer uiteenloopende opgaven vindt, dan begrijpt men, dat waar de Nederlandsche handelstatistiek slechts in het algemeen cijfers omtrent in- en uitvoer naar de Westkust van Afrika en naar de Kust van Guinee opgeeft, de laatste cijfers waarschijnlijk behalve op onze kolonie, ook nog op andere deelen dier kust betrekking hebben. Indien er even als in onze Oost- en West Indische koloniën een statistiek van in- en uitvoer te Elmina werd opgemaakt en bij het koloniaal verslag medegedeeld, dan kon men daaruit de Nederlandsche statistiek kontroleeren en verkreeg men zoo een zuiver overzicht van de handelsbeweging in onze kolonie. In geen geval kan men dit opmaken uit het in het verslag vermelde aantal schepen, dat onze forten aandoet, daar de schepen, die de Kust van Guinee bevaren, zoowel nu als oudtijds, verschillende deelen dier kust aandoen en dus vele dier schepen het grootste deel hunner lading elders kunnen hebben ingenomen of gelost.

De Engelschen, die behalve hun deel der Goudkust nog andere koloniën in West-Afrika bezitten, onderscheiden in hunne in de Engelsche havens opgemaakte handelstatistiek afzonderlijk den in- en uitvoer tusschen Groot-Brittanje en de Gambia, Sierra Leone, de Goudkust, Fransch-Senegambië, sommige Spaansche en Portugeesche eilanden en het overige West-Afrika. Deze onderscheiding is echter nog niet voldoende, omdat men hieruit niet kan opmaken het aandeel van den Engelschen handel op de verschillende deelen van het onafhankelijke West-Afrika, die zoo als de negerrepubliek Liberia, de Bocht van Guinee en het gebied van den Kongo door tusschenliggende europeesche koloniën gescheiden zijn. Voorts is hierbij de groote leemte — en dit geldt evenzeer van de statistieke opgaven uit de Engelsche koloniën — dat niet afzonderlijk vermeld wordt de in- en uitvoer van Lagos, dat met eenige naburige plaatsen op de Slavenkust sedert 1861 door de Engelschen is in bezit genomen en daar het door een vrije uitgestrekte onafhankelijke kuststrook van de Engelsche Goudkust gescheiden is, uit een geografisch oogpunt als eene afzonderlijke kolonie moet worden aangemerkt. De zoo belangrijke handel van Lagos en omstreken is in de Engelsche statistiek onder dien der Goudkust begrepen, zoodat hij, die met Guineesche zaken minder bekend is, daardoor licht in den waan kan komen, dat de Engelschen uit hunne Goudkust zoo veel meer trekken, dan wij uit de onze. Dit is gelukkig niet het geval. Al overtreffen de Engelschen ons zeer in handelsenergie, zoo achterlijk is de Nederlandsche koopman niet, als sommigen zich verbeelden, die door uitsluitend te letten op het roemrijk verleden van onzen handel, geheel voorbijzien de krachtige teekenen van herleving, die men in den laatsten tijd mag opmerken. Hoe ervaren handelaars de Engelschen ook zijn, het zijn geen toovenaars, die uit niets iets kunnen maken. Evenmin als zij dan ook het door het verloop van den wereldhandel en den grooteren diepgang der tegenwoordige schepen verlaten Malakka uit zijn verval konden opheffen, deden zij zulks met de voor den tegenwoordigen West-Afrikaanschen handel zoo weinig beteekenende Goudkust.

Men ziet hieruit, hoe licht men op een dwaalspoor geraken kan, wanneer men het handelsbelang der Europeesche koloniën in Guinee vluchtig uit enkele statistieke cijfers wil opmaken, zonder dat men op die cijfers de noodige kritiek uitoefent, hunne waarde toetst aan de van elders bekende geografische gegevens. Om op juister grondslag te beoordeelen, welk verband er bestaat tusschen het koloniaal bezit en den handel der verschillende Europeesche natiën in West-Afrika, is het noodig, meer in bijzonderheden na te gaan, welk eene belangrijke vlucht de West-Afrikaansche handel in deze eeuw verkregen heeft; in hoever die handel is vooruitgegaan door de uitbreiding, die vooral de Franschen aan hunne koloniën hebben gegeven; welk voordeel deze nacie, de Engelschen en Nederlanders uit hunne koloniën en uit de onafhankelijke negerlanden trekken. Bij deze beschouwingen bepaal ik mij niet tot de eigenlijke Kust van Guinee, waaronder ik in dit opstel met de voornaamste hedendaagsche aardrijkskundigen Opper-Guinee van 10° N. Br. tot den evenaar versta, maar vestig de aandacht ook noordwaarts op Senegambië, zuidwaarts op Neder-Guinee. [1] Voor de koloniale wetenschap vormt toch West-Afrika tusschen de keerkringen uit een kommercieel en geografisch, historisch en etnografisch oogpunt een groot geheel; hetgeen Europeanen daar in eenig deel tot bevordering van den handel en ontwikkeling van den inlander beproefden, kan, mits men plaatselijke verschillen niet over het hoofd zie, doen zien, wat men van soortgelijke pogingen in eenig ander deel van dit uitgestrekt gebied mag verwachten.

Van den mond van den Senegal op 16° N. Br. tot aan de zuidelijkste nederzetting der Portugeezen te Porto Alexandre omstreeks 16° Z. Br. wordt West-Afrika bewoond door een groot aantal negervolken, die, hoezeer ook onderling in bijzonderheden verschillende, in tegenoverstelling met de inlandsche bevolking van andere wereldstreken groote overeenkomst hebben. Ook de geschiedenis van de betrekkingen der Europeanen met al deze negerstammen is tot op het verbod van den overzeeschen, eerst in de laatste jaren geheel gefnuikten slavenhandel in algemeene trekken dezelfde. Overal langs de kust van West-Afrika was deze de menschheid onteerende handel bij afwisselende tusschenpoozen gedurende meer dan drie eeuwen het hoofdbedrijf der Europeanen, zoowel daar, waar zij door de blijvende bezetting van vaste punten de beginselen eener veroveringskolonie hadden gevestigd, als in die streken, welke zij

---

[1] Daarentegen vallen de West-Afrikaansche Eilanden, die of volkplantingen of plantazjekoloniën zijn, buiten den kring van dit onderzoek.

min of meer geregeld met hunne schepen bezochten en waar
zij alleen tijdelijk handelsfaktorieën aan den wal bezetten. De in
de beide vorige eeuwen zoo krachtige mededinging van verschillende Europeesche naciën in den slavenhandel veroorzaakte bovendien, dat ze allen, om maar die zoo sterk begeerde koopwaar in voldoende hoeveelheid te verkrijgen, zoo
min mogelijk gezag over de negers uitoefenden, ja zich zelfs
aan allerlei vernederende handelsusanciën, in West-Afrika
kostumen geheeten, onderwierpen. Nergens, zelfs niet in de
onmiddellijke nabijheid der Europeesche forten, ondervonden
de kustnegers dien beschavenden invloed, die anders het slechtste
bestuur eener kolonie nog steeds eenigermate op een weinig
ontwikkelde inlandsche bevolking zal uitoefenen. Het hoofdver-
keer, waardoor zij met de Europeanen in aanraking kwamen,
de overzeesche slavenhandel, door zijne noodzakelijke gevolgen,
de voortdurende slavenjachten en binnenlandsche oorlogen, zoo
veel verderfelijker dan de van oudsher in Afrika bestaande huiselijke slavernij, strekte slechts, om de kustnegers hoe langer
hoe meer te verdierlijken, de negervolken in het binnenland
steeds meer voor Europeesche beschaving onvatbaar te maken,
riep eindelijk zelfs groote roofstaten in het leven, zoo als Asianti
en Dahomee, wier staathuishoudkundige welvaart geheel op
het verkrijgen en verkoopen van veel slaven berustte.

Dit treurige verleden bemoeijelijkte zeer de taak van het bestuur
in al de oudtijds door de verschillende Afrikaansche en West-
Indische Kompanjieën gestichte Guineesche koloniën, toen het
na de opheffing van den slavenhandel eene andere politiek tegenover de in naam aan hun gezag onderworpen negerstammen
moest aannemen; deze toch, sedert eeuwen gewend, dat de
Europeanen geen rechtstreeksch gezag over hen voerden, waren
veel minder gezind, een krachtiger bestuur te dulden, dan de
negers in die gewesten, waar men eerst in onzen tijd koloniën
vestigde en het bestuur van den aanvang af den slavenhandel
weerde. In de onder geen koloniaal bestuur staande kuststreken,
waar in onze eeuw de faktorieën der slavenhalers allengs door
die van den wettigen handel vervangen zijn, werd van zelf de

verhouding tusschen de negers en de Europeesche handelaars
geheel gewijzigd, daar beide soorten van handel grootendeels
door een geheel ander slag van kooplieden gedreven werd. In
de oude koloniën daarentegen bleef voor het oog der negers
onder de hun van ouds bekende vlag de oude toestand voortduren en verwachtten zij van het bestuur eene voortzetting der
vroegere politiek van onthouding. Bovendien zijn de Europeanen
in de meeste veroveringskoloniën zeer vasthoudend aan oude
traditiën, wat betreft hunne verhouding tot de inlanders, die
gewoonlijk nog lang gehandhaafd worden nadat de redenen vervallen zijn, waarom vroeger die politiek gevolgd werd. Eerst
geruimen tijd na de opheffing van den slavenhandel begrepen de
koloniale besturen, dat men nu ook op andere wijze tegenover
de negers moest optreden en zoo zij dit al begrepen, dan weigerde meest het moederland de noodige gelden, om hun gezag
krachtiger te doen gevoelen, daar een groot deel dezer koloniën
alle belang verloren hadden, door de geheele omwenteling, die
de handel op West-Afrika in deze eeuw onderging.

Zoo doende is het gekomen, dat van al de West-Afrikaansche
koloniën alleen Fransch-Senegambië sedert de laatste zestien
jaar inderdaad eene veroveringskolonie heeten kan, waar de
Europeanen over een uitgestrekt gebied hun gezag en invloed
krachtig doen gevoelen. Al de andere Europeesche bezittingen
aldaar zijn slechts in oneigenlijken zin veroveringskoloniën, dewijl
tegenover het uiterst gering aantal daar woonachtige Europeanen
de in naam het koloniaal gezag erkennende inlanders de over-
groote meerderheid der bevolking uitmaken. Met het oog op
hun verleden gedurende het tijdperk van den slavenhandel zou
men ze eer handelsnederzettingen kunnen noemen, een naam
echter, die voor den tegenwoordigen tijd minder juist is, zoowel om verwarring te voorkomen met de thans in de geheel
onafhankelijke negerlanden zoo talrijke faktorieën van partikuliere
handelshuizen en vennootschappen, als omdat het bestuur in al
de koloniën zich nu van den handel onthoudt, terwijl de naam
handelsnederzetting voor vele dier bezittingen, waarop bijna
geen handel gedreven wordt, al bijzonder ongepast zou zijn.

3

Inderdaad zijn het embryo's van veroveringskoloniën, die in hunne ontwikkeling gestoord zijn, fossielen uit den kolonialen voortijd, aan wier herleving men schier moet wanhopen.

Is West-Afrika voor de etnografie en de koloniale geschiedenis een groot geheel, het is dit ook uit een geografisch oogpunt. Overal vindt men toch overeenkomst van klimaat, ongeveer dezelfde inheemsche fauna en flora, gelijke geschiktheid van den bodem voor het aankweeken van kultuurgewassen uit andere warme landen. Toch bestaat er, zonder nog van bepaald plaatselijke verschillen te gewagen, in dit opzicht een groot onderscheid, al naar mate de aanwezigheid van rivieren aan de Europeesche koloniale besturen en partikuliere handelaars al dan niet de gelegenheid verschaft, hun invloed met betrekkelijk geringe kosten tot in het binnenland te verspreiden. Die gelegenheid vindt men in meer of minder mate in het gebied van den Kongo en den Gabon, bovenal in de Bocht van Guinee en in het aan groote stroomen en ver in het land dringende zeearmen zoo rijke Senegambië, maar ontbreekt op de Kust van Guinee tusschen Sierra Leone en de rivier van Benijn, waar men òf, zoo als op onze Goudkust, in het geheel geene bevaarbare rivieren aantreft, of slechts lagunen en rivieren vindt, die uit zee moeijelijk toegankelijk, alleen door bijzonder daarvoor bestemde vaartuigen kunnen bevaren worden. In deze laatste gedeelten van West-Afrika kan de handelaar niet zelf met zijne schepen de produkten van het binnenland gaan afhalen, maar moet hij geduldig op de kust afwachten, wat de binnenlandsche bewoners aanvoeren, een aanvoer, die natuurlijk bij de weinige energie van den neger steeds een mindere hoeveelheid aanbrengt en wegens de gedurige oorlogen tusschen de verschillende stammen dikwijls voor geruimen tijd gestremd is; eveneens kan het koloniaal gezag zich daar niet over de binnenlandsche negerstaten uitbreiden, zonder het voeren van krijgstochten te land, zoo bezwaarlijk wegens de voor een legerafdeeling bijna onbegaanbare boschpaden, zoo kostbaar door het vooral bij zware vermoeijenis zoo gevaarlijk klimaat.

Ook het meerendeel der produkten, die West-Afrika voor den tegenwoordigen handel oplevert, vindt men in den meeste dèelen van dit geheel. Zoo is ivoor in meerder of minder mate in ieder gewest te verkrijgen, even als verschillende soorten van gom, verw- en timmerhout. Bovenal echter is West-Afrika het gebied, dat de oliesoorten voortbrengt, waarvan voor de kaarsen- en zeepfabrieken, ook voor de bereiding van spijzen een hoe langer hoe grooter hoeveelheid verbruikt wordt. Daar de voornaamste dezer oliesoorten, die uit de aard- en de palmnoten bereid worden en thans in zoo overwegende mate de hoofdartikels van den West-Afrikaanschen handel zijn, eerst in onze eeuw op de Europesche markten aangebracht zijn; daar de steeds toenemende navraag naar deze produkten misschien meer nog dan de eskaders der Engelschen tot de onderdrukking van den slavenhandel heeft uitgewerkt, in ieder geval bewerkt heeft, dat West-Afrika na het ophouden van dien onmenschelijken handel nog zulk een belangrijk terrein voor den groothandel gebleven is, is het hier de plaats, dit eenigzins nader uiteen te zetten.

De aard- of grondnoot, ook aardamandel of aardpistasje genoemd, is eene peulvrucht, die in de botanie *Arachis hypogaea* heet. Het gewas moet over den grond slingeren, daar de bloemen der bovenste takken zich niet tot vruchten ontwikkelen; de bloesems, die op de aarde liggen, dringen bij de vruchtzetting in den grond in en worden daar op een diepte van vijf à acht duim tot een lange peul, die twee boonen of pitten bevat. Deze pitten, de zoogenaamde aardnoot, van buiten wijnrood, van binnen wit, smaken eenigzins als een snijboon en leveren, als ze geslagen worden, uitmuntende olie, die veel met olijfolie overeenkomt. Van dit gewas, dat men in geheel West-Afrika aantreft en welks vrucht door de inboorlingen gegeten wordt, terwijl de bladeren een uitmuntend veevoeder zijn, bestaan verschillende soorten. Reeds Bosman beschrijft er drie, waarvan degene, die hij *gobbegobbes* noemt, het meest met de boven beschreven *Arachis hypogaea* overeenkomt en door hem als voedsel de minste geacht werd. Eene andere soort heet bij hem Angoolsche boontjes, omdat ze in zijn tijd van Angola naar de Goudkust waren overgebracht, en smaakt, in de pan gebraden, als kastanjes; misschien zijn dit de aardnoten, die thans uit den Kongo in den handel komen. De derde soort, zoo als Bosman uitdrukkelijk zegt, geen peulvrucht en door hem daarom aardnoot genoemd, schijnt dus eene andere plant te zijn. Ook de heer Gramberg noemt onder de produkten der Goudkust drie soorten van aardnoten, waarvan hij de belangrijkste *atsjun* (*arachis hypogaea*) noemt, zonder echter die gewassen nader te beschrijven [1]. De *arachis hypogaea* wordt tegenwoordig ook verbouwd in Spanje en in andere landen aan de Middellandsche Zee, in de Antilles en Mexico, ook in Oost-Indië [2]. Zeker is het, dat onder de talrijke katjang-soorten of peulvruchten, die in onzen Indischen Arsjipel zoo veel als tweede gewas worden aangeplant, ook melding gemaakt wordt van de *katjang-tjina* of *tanah* en *manila*, wier vrucht onder de aarde groeit [3]. Weinig of niet bekend met botanie, weet ik niet, in hoever deze Indische katjang-soorten al dan niet van de Afrikaansche *arachis hypogaea* verschillen, evenmin of de waarde der onderscheidene in West-Afrika groeijende soorten voor de oliebereiding door deskundigen nader is onderzocht. Het is algemeen bekend, dat de katjang-olie in den Indischen Arsjipel zelf veel gebruikt wordt, welk produkt echter niet, althans niet in eenigzins noemenswaardige hoeveelheid, naar Europa wordt uitgevoerd. De aardnoten, die nu een zoo belangrijk artikel vooral van den Franschen handel uitmaken, komen voor het grootste deel uit West-Afrika en, hoewel de plant in dit geheele gebied groeit, niet uit de Goudkust en naburige kuststreken, waar de negers te lui schijnen, om dit produkt, welks aanplant eenige zorg

---

[1] Bosman, *Beschrijving van de Guineesche Goud-, Tand- en Slavenkust.* Amst. 1709, D. II bl. 76; Gramberg, *Schetsen van Afrika's Westkust*, bl. 33.
[2] Dr. Karl Audree, *Geographie des Welthandels*, s. 615.
[3] Pijnappel, *Geogr. van Neerl.-Indië*, bl. 35; *Aardr. Woord. van Neerl.-Indië* op het woord *katjang.*

vereischt, in voldoende hoeveelheid voor den uitvoer te verbouwen, maar bijna uitsluitend uit Senegambië en Sierra Leone,
sedert de laatste jaren ook uit het Kongo-Gebied. Het opmerke-
lijkste hierbij is, dat deze handel eerst van zoo jeugdigen oorsprong is en in het vierde eener eeuw eene zoo reusachtige
ontwikkeling verkreeg.

Het is toch nauwelijks veertig jaar geleden, dat een koopman
op het eiland Goeree bij Kaap Verd, de heer Jaubert uit Marseille, het eerst de aandacht vestigde op de uitmuntende hoedanigheid der aardnotenolie, zoo geschikt tot zeepbereiding,
verlichting, maar vooral om zuiver of met olijfolie vermengd
deze laatste te vervangen. [1] In 1840 werden slechts 1210 kilo
aardnoten uit Fransch-Senegambië uitgevoerd, hetgeen thans
reeds meer dan tien duizend ton oplevert. [2] Evenzeer steeg in
hetzelfde tijdperk de uitvoer van dit produkt uit de naburige
Engelsche bezittingen. Zoo werd in 1845 uit Gambia uitgevoerd eene waarde van 199 £, maar dertien jaar later reeds
188,000, welk bedrag echter door binnenlandsche oorlogen onder
de negers in 1864 tot 78,000 £ verminderd was. Daarentegen nam de
uitvoer uit Sierra Leone gestadig toe en was van 8,144 £, in 1854
tot 35,170 £ in 1863 gestegen. [3] Niet minder vermeerdert de
uitvoer uit de vooral door den Franschen handel geëxploiteerde
rivieren van Zuid-Senegambië, die, zoo als wij in het volgende
hoofdstuk nader aantoonen, niet rechtstreeks tot de Fransche
kolonie behooren. In het geheel werd in Frankrijk, dat nog

[1] Jules Duval, *Les colonies et la politique coloniale de la France*, Paris
(zonder jaar, maar in 1864 verschenen) p. 100.

[2] *Notices colon. Franc* p. 190. Om te groote cijfers te vermijden bereken ik
de hoeveelheid der in- en uitgevoerde waren bij gewichtston, ook omdat dan het
onderscheid tusschen ons gewicht en het Engelsche nagenoeg wegvalt. Het geringe
verschil toch tusschen een ton, die bij ons en de Franschen 1000 kilo weegt,
en de Engelsche ton van 1015 kilo, kan op zulk een hoeveelheid bij globale
berekeningen zonder schade worden verwaarloosd.

[3] *Report of* Colonel Ord, *the commissioner appointed to inquire into the
condition of the British settlements on the Westcoast of Africa*, welk belangrijk
verslag is opgenomen in de *Parliamentary Papers* van 1865 en voor hem, die
het wat lastig vindt, die volumineuze folio's te raadplegen, ook vertaald te vinden
is in de *Revue maritime et coloniale*, Sept.—Dec. 1865,

altijd verreweg het meerendeel der naar Europa overgebrachte
aardnoten trekt en zeker veel der daaruit geslagen olie onder
den naam van olijfolie weder naar andere landen van Europa
uitvoert, in 1862 ingevoerd 40,000 ton aardnoten (Duval, t. a.
pl.) en volgens de officieele handelstatistiek in 1868 de enorme
hoeveelheid van 75,411 ton, waarvan rechtstreeks uit Afrika
kwam: 4573 ton uit den Senegal, 8121 uit Goeree, 18,055 uit
de Engelsche West-Afrikaansche bezittingen (Gambia en Sierra
Leone) en 33,754 ton uit het overige West-Afrika, zonder
twijfel hoofdzakelijk uit den Rio Nunez, Rio Pongo en naburige
rivieren van Zuid-Senegambië. In vergelijking hiermede komen
er betrekkelijk weinig aardnoten op de Engelsche markt: namelijk in 1868 3758 ton. Sedert de laatste jaren begint dit artikel
van belang te worden voor onzen handel op West-Afrika. Volgens de Nederlandsche handelstatistiek werd in 1869 ingevoerd
aan grondnoten eene waarde van ƒ 594,523, waarvan rechtstreeks
uit West-Afrika ƒ 490,000, hetgeen zeker alleen door de later nader
te bespreken Afrikaansche Handelsvereeniging te Rotterdam uit
den Kongo is aangebracht. Het meerendeel dezer hier ter markt
komende aardnoten wordt echter weder uitgevoerd, onder anderen
in hetzelfde jaar 1869 voor ƒ 243,360 naar Frankrijk (vooral
Duinkerken), ƒ 60,744 naar Pruisen en ƒ 51,500 naar België.
Hetgeen hier te lande blijft wordt door onze olieslagerijen tot
olie geslagen, maar ook deze olie gaat nog meest naar het buitenland blijkens het jaarlijksch overzicht van den handel in vetwaren
der Rotterdamsche makelaars F. N. en W. H. Montauban van
Swijndregt, dd. 31 Dec. 1870. Uit het bovenstaande blijkt, welk
eene hoeveelheid Frankrijk òf zelf van deze olie in plaats van
olijfolie verbruikt of onder dien naam naar het buitenland ver-
zendt. Het eigen verbruik van dit artikel, dat, mits goed gezui-
verd, de olijfolie evenaart, zoo niet overtreft, kan in ons land,
zoodra het beter gekend wordt, nog aanzienlijk toenemen.
Bovendien kan ons land door zijne ligging het best de Duitsche
Rijnstreek, België, ook het noorden van Frankrijk, dat geen
eigen handel op West-Afrika drijft, van deze olie of ten minste
van de grondstof voorzien. Met recht mogen wij dus vooronder-

stellen, dat zelfs een sterk vermeerderde aanvoer van aardnoten, een artikel voor weinig jaren op onze markten onbekend, bij uitbreiding onzer handelsbetrekkingen met West-Afrika, in Nederland nog op een goeden afzet mag rekenen.

Nog veel grooter gewicht had de handel in palmolie, het produkt van den Guineeschen oliepalm (*Elaeis Guinensis*), die reeds iets vroeger van belang was, dan die in aardnoten, voor de ontwikkeling van West-Afrika. Reeds in den aanvang der vorige eeuw maakte onze landgenoot Bosman de opmerking, dat deze palmsoort, door hem *wijn de palmboom* genoemd, voor de negers even nuttig en onmisbaar was als de kokospalm aan de bewoners van Oost-Indië, daar die boom „nevens brood en „visch de meeste menschen op de Kust doet bestaan en leven." Behalve toch dat de bladeren dienen tot dakbedekking en dat uit de vezels netten en touwwerk vervaardigd wordt, levert deze boom aan de negers den door hen zoo geliefden palmwijn, ter-wijl de noot, als ze jong is, gegeten wordt, de uit het vrucht-vleesch der oude noten geperste palmolie als spijs en brand-stof gebruikt wordt, en de dan nog overblijvende pit een lekker voedsel is, tevens uitnemend geschikt voor het mesten van varkens. Bosman geeft over de palmolie als spijs dit oordeel: „Voor iemand die eerst nieuwlings hier te land komt, valt ze „wat vies, doch als men dezelve gewend wordt, is 't geen on-„billijk eeten en daernevens ook sonderling strekkend (voedzaam) „en gesond; tot verscheide kost soude ik se voor de olijvenolij „stellen." [1] Hoezeer Bosman uitwijdt over het nut, dat dit pro-dukt aan den inboorling verschaft, kon hij destijds niet be-vroeden, dat dit in onze dagen, zij het ook voor een ander doel, zoozeer gezocht zou zijn op de Europeesche markt Wel is het mij gebleken, dat reeds in 1592 de Engelschen op een hunner eerste reizen naar Benijn 32 vaten palmolie naar Enge-land brachten [2], maar hoezeer ik nog al een aanmerkelijk aantal oude reizen naar West-Afrika heb doorsnuffeld, vond ik geen

[1] *Beschrijving der Guineesche Goud-, Tand- en Slavenkust*, II, bl. 61.
[2] *Histoire Générale des Voyages*, Haagsche uitgaaf, T. I, p. 330.

ander voorbeeld, dat palmolie vóór deze eeuw in Europa is ingevoerd.

Eerst in onze industriëele eeuw, waarin de waskaarsen achter- eenvolgens door spermaceti- en stearine-kaarsen verdrongen zijn, kon de zoo veel stearine bevattende palmolie een belangrijk handelsartikel worden, terwijl die tevens door het daarin aan- wezige palmitinezuur zoo bijzonder voor verzeeping geschikt is. Het is moeijelijk op te geven, wanneer deze Europeesche handel in palmolie het eerst begonnen is. Ik vooronderstel in den aan- vang dezer eeuw. Robertson, die als scheepskapitein en handels agent nauwkeurig met West-Afrika bekend was, geeft over de jaren 1812—1817 eene opgaaf, wat men door elkaar jaarlijks op ieder der toen het meest door de scheepvaart bezochte han- delplaatsen der Kust aan wettige handelsartikelen kon verkrij- gen. [1] Daaruit blijkt, dat toen reeds palmolie werd uitgevoerd en wel hoofdzakelijk uit de rivier Old-Calabar, voorts uit die van Bonny en in mindere hoeveelheid van de Tand- en Goud- kust. Hij schat het bedrag van den jaarlijkschen uitvoer op 1560 ton, of tegen 40 £ per ton op eene waarde van 62,400 £, waarvan nog geen 50 ton van de Goudkust kwam. Dit was echter alles, wat destijds van dit artikel zoo wel naar Europa als Amerika werd uitgevoerd. Zoodra dit artikel eens op een markt bekend was geworden, werd het daar echter hoe langer hoe meer gewild. Over die ontzettende toename van het ver- bruik van palmolie nog enkele cijfers. In Engeland werd vol- gens de officieele Engelsche handelstatistiek in 1840 inge- voerd 15,868 ton, in de jaren 1859—1868 gemiddeld per jaar 39,616 ton of eene waarde van 1,570,469 £, waaruit tevens blijkt, dat de gemiddelde prijs in dit tienjarig tijdvak 39 £ per ton bedroeg, dus nog iets minder dan vijftig jaar ge- leden, toen de uitvoer zoo gering was. Wanneer men nu daarbij bedenkt, hoeveel nog rechtstreeks uit Afrika naar Frankrijk, Nederland, Duitschland en Noord-Amerika gaat, dan

---

[1] G. A. Robertson, *Notes on Africa, particularly those parts, which are situated between Cape Verd and the River Congo*, onder het motto *Quae vidit nauta scripsit.* London 1819, p. 359—364.

begrijpt men, welke eene ontzettende hoeveelheid palmolie thans uit West-Afrika wordt uitgevoerd.

Zoo wordt ook hier weer bevestigd, waarvan men in de handelsgeschiedenis zoo vele voorbeelden vindt en dat als eene vaste ekonomische wet kan worden aangenomen: vermeerderde aanvraag doet niet alleen de produkcie stijgen, maar tevens zal die vermeerde produkcie eene stijging van de ruilwaarde der begeerde waar beletten, wanneer namelijk de toename der produkcie in verhouding tot de vermeerderde aanvraag niet door regeeringsmaatregelen wordt belemmerd of om bijzondere redenen binnen zekere grenzen moet beperkt blijven. Volgens den maatstaf dezer wet is dan ook de slavenhandel, die reeds om redenen van zedelijkheid en menschelijkheid moet worden afgekeurd, bovendien nog uit een staathuishoudkundig oogpunt een ongezonde en onnatuurlijke handel. De steeds toenemende vraag der Europeesche naciën naar negerslaveu vermeerderde toch ontzettend de produkcie van dit betreurenswaardige handelsartikel; als men het nog heden nagenoeg onbekende Centraal-Afrika uitzondert, werden al de negerlanden van dit werelddeel voortdurend door slaven jachten en oorlogen afgeloopen, eene verwoesting, die zich steeds verder en verder over het binnenland uitbreidde, om maar die zoo sterk begeerde waar aan de kusten van West en Oost-Afrika te leveren. Niettemin kon zulk een waar, alleen door geweldige middelen te verkrijgen, een levende waar bovendien, door versterf tijdens het vervoer aan 'zoo enorme spillazje onderhevig, nooit in voldoende hoeveelheid geleverd worden, om te voorzien aan de steeds toenemende behoefte der Atlantische kustlanden en eilanden van Amerika. Van het begin der zestiende eeuw af tot het einde der vorige, dus in het tijdperk, dat al de Europeesche zeemogendheden den menschenhandel door hunne wetten beschermden, bleef de prijs der negerslaven voortdurend stijgende. Hoe steekt hier bij af, hetgeen wij van den palmoliehandel opmerkten. Van dit product, nu even als vroeger in West-Afrika onmisbaar voor het levensonderhoud der inboorlingen, heeft eerst sedert de laatste halve eeuw de uitvoer naar het buitenland zulk een ontzettenden omvang bekomen en toch is in ditzelfde tijdvak de prijs eer verminderd dan gerezen. Wel een bewijs, hoe ontzettend de produkcie van dit artikel moet zijn toegenomen en hoezeer de handel daarin, al vordert ook de aanplant van den oliepalm en het persen der olie uit de noot geen bijzonder zwaren of aanhoudenden arbeid, er toe bijdraagt, om de vroeger door den slavenhandel zoo verdierlijkte kustnegers, aan eenige arbeidzaamheid te gewennen en dus allengs tot nuttige wereldburgers op te voeden. Op al de Europeesche nacien, die vroeger aan den slavenhandel deelnamen, rust een zware schuld ten opzichte der bewoners van West-Afrika. Met de ondervinding voor ons van de geschiedenis onzer eeuw mag men nu reeds beweren, dat die schuld eer zal worden afgelost door het deelnemen aan en bevorderen van den wettigen handel op deze wereldstreek — een handel, nu reeds zoo belangrijk en voor zooveel uitbreiding vatbaar — dan door het vasthouden aan een verouderd koloniaal bezit, dat tot dusver of niets bijbracht tot ontwikkeling van den inlander, of ook, waar pogingen daartoe zijn aangewend, in dit opzicht weinig heeft uitgericht.

Wat is nu het aandeel van Nederland in dien tegenwoordig zoo gewichtigen handel in palmolie? Nederland, welks bevolking nog iets meer dan het negende deel der bewoners van Groot-Brittanje bedraagt, en dat door zijne ligging ten opzichte van Duitschland voor een groot deel van dat rijk de natuurlijke uitweg naar zee is, zal bij een gezonden staat van den handel ook in dit opzicht niet meer dan negenmaal door Groot-Brittanje mogen overtroffen worden. Dit komt ook uit, wat de algemeene handelsbeweging aangaat; in 1868 bedroeg toch de geheele invoer in Groot-Brittanje 294 millioen pond sterling, die in Nederland 469 millioen gulden, dus nog iets meer dan het achtste deel van het eerste cijfer. Bij de palmolie is de geheele invoer in ons land naar verhouding nog grooter, veel minder daarentegen de rechtstreeksche aanvoer uit Afrika. Er werd toch in 1869 in ons land ingevoerd 11,048 ton tot een waarde van ƒ 5,524,078, dus in plaats van ⅑ of ⅛, bijna het derde van den invoer in Engeland. Dit is te opmerkelijker, wanneer men bedenkt, dat dit artikel omstreeks veertig jaar geleden, toen in Engeland reeds eene aanzienlijke hoeveelheid van die vetstof werd ingevoerd, het eerst op de Nederlandsche markt kwam en daar toen met moeite kon geplaatst worden. Zoo als mij is medegedeeld door iemand, die destijds de Amsterdamsche beurs bezocht, vond de firma Trakanen voor hare eerste aanvoeren geen ander kooper dan een fabrikant in Barmen. Allengs begon men echter ook in ons land de palmolie te waardeeren, toen de heeren Brandon te Amsterdam de eerste Nederlandsche stearinefabriek oprichtten, die nog steeds als Koninklijke fabriek van waskaarsen gunstig bekend is. Achtereenvolgens verrezen nu de stearinefabriek te Gouda, die onder de kundige leiding van den heer Iterson eene zoo groote ontwikkeling verkreeg, de naar men mij verzekert zoo bijzonder goed ingerichte Nederlandsche palmitinefabriek te Amsterdam en andere soortgelijke ondernemingen, waarvan sommige reeds, zoo als in zaken van handel en nijverheid zoo dikwijls geschiedt, na een kortstondig bestaan te niet gingen. Terwijl dus de kleine partijtjes, die voor veertig jaar hier van de Kust van Guinee werden aangebracht, slechts in Duitschland konden verkocht worden, is nu door deze ontwikkeling der Nederlandsche nijverheid de sedert zoo aanzienlijk toegenomen rechtstreeksche aanvoer uit West-Afrika bij lange niet voldoende, om aan de behoeften onzer stearinefabrieken te voorzien. Van den boven opgegeven invoer in 1869 werd toch in dat jaar weer uitgevoerd 4145 ton, meest naar Pruisen en België, zoodat in ons land zelf verbruikt werd 6903 ton. Hiervan werd slechts rechtstreeks uit Afrika aangebracht 1449 ton van de Westkust en 284 ton van de Kust van Guinee; het overige van den invoer alhier kwam met een omweg, uit Engeland alleen 7860 ton, ook uit de Vereenigde Staten, Hamburg, Portugal en. Frankrijk. Het reeds vroeger aangehaalde jaarlijksch overzicht der heeren Montauban van Swijndregt zegt ook, dat, zonder te letten, op hetgeen onze fabrieken rechtstreeks op de Engelsche markt aankochten, in '1870 op de Rotterdamsche markt is aangebracht 1261 ton palmolie, waarvan 836 ton van de Zuidwestkust van Afrika kwam, 435 ton uit Liberia en de Kust van Guinee, terwijl het overige eerst met den omweg over Amerika, Engeland of Portugal onze markt bereikte. Zij maken dan ook te recht de opmerking, dat de stearinefabrieken in weerwil der vermeerdering van den direkten aanvoer zich nog steeds voor het grootste deel hunner behoeften tot buitenlandsche markten moesten wenden, en dat dientengevolge de uitbreiding van den Nederlandschen handel op West-Afrika steeds wenschelijk blijft. Wanneer men daarbij bedenkt, dat Nederland door zijne ligging ook in de behoeften der stearinefabrieken aan den Rijn en elders in Duitschland moet voorzien, dat de oliebereiding een tak van nijverheid is, sedert eeuwen ten onzent inheemsch, dat de firma F. Alberdingk en Zonen in 1862 een stoom-palmolieraffinaderij te Amsterdam heeft gevestigd, wier gezuiverde palmolie tegenover dergelijke inrichtingen in het buitenland geroemd wordt, dan zal men spoedig inzien, dat de Nederlandsche handel op West-Afrika zich wel in de laatste jaren krachtig ontwikkeld heeft, maar alleen reeds, wat de palmolie betreft, nog lang niet tot die uitbreiding gekomen is, waarvoor deze handel vatbaar is.

Sedert de laatste tien jaar levert de Guineesche oliepalm nog een ander produkt aan handel en nijverheid, de te voren geheel verwaarloosde en als onnut weggeworpen palmpitten en de daaruit geslagen palmpittenolie. De negers bereiden de palmolie toch op zeer ruwe wijze; zij werpen de noten in warm water, verwijderen het vruchtvleesch met stampers van de pit, waarna de olie bovendrijft en wordt afgeschept, maar wegens hunne zorgeloosheid bij de bewerking steeds vermengd is met vezels van het celweefsel der vrucht, aan wier eiwitgehalte het te wijten is, dat de palmolie zoo licht rans wordt. De negers kunnen evenmin als uit de aardnoten uit de zeer harde palmpitten olie slaan; bij de enorme hoeveelheid palmolie, uit West-Afrika naar het buitenland verzonden, schoot dus eene massa pitten over, veel grooter dan de negers voor eigen huishoudelijke behoeften konden gebruiken. In 1861 onderwierp de heer Gunning eene partij palmnoten, die de kolonel Nagtglas hem van de Goudkust had toegezonden, aan een scheikundig onderzoek en ontdekte toen, dat de olie uit de palmpitten door het gemis aan palmitinezuur van een geheel andere scheikundige natuur was dan de palmolie en door hare kleurloosheid, het gemis van eiwitstof en de geschiktheid tot verzeeping voor de industrie van belang zijn moest. [1] Daar het bij aanraking spoedig blijkt, dat de palmpitten olie moeten bevatten, had de handel uit eigen beweging reeds kleine partijtjes palmpitten naar Europa gezonden, om te doen onderzoeken, of deze pitten eenige handelswaarde hadden. Zoo vond men reeds eenige jaren te voren palmpittenolie (*nutoil*) op Engelsche prijscouranten genoteerd en had de firma Cs. Dyserinck en Zoon te Haarlem op de Nacionale Tentoonstelling aldaar palmpitten en daaruit door haar geslagen olie ingezonden. Voor eenige jaren hebben de gebroeders Prins te Zaandam voor het slaan dezer pitten eene fabriek opgericht. Ook deze olie wordt grootendeels naar het buitenland uitgevoerd en voor de vervaardiging van fijne toiletzeep gebruikt. In weinige jaren zijn dus deze palmpitten een belangrijk handelsartikel geworden, waarvan in 1868 in Engeland 18,674 ton is ingevoerd, in 1869 in Nederland voor eene waarde van ƒ 657,981, hiervan kwam uit Engeland ƒ 443,111, van de Westkust van Afrika ƒ 206,070, van de Kust van Guinee ƒ 8800. Ook bij dit artikel levert dus de rechtstreeksche aanvoer uit Afrika slechts het derde deel, van hetgeen onze olieslagerijen verwerken of van hier uit naar de Duitsche fabrieken wordt uitgevoerd. Over het laatst verloopen jaar schrijven de meer genoemde makelaars Montauban van Swijndregt, dat palmpitten grif koopers vinden, zoodat van de in 1870 door de Afrikaansche Handelsvereeniging te Rotterdam aangebrachte 1430 ton niets onverkocht bleef. Op grond van een en ander mag men derhalve de verwachting uitspreken, dat de Nederlandsche scheepvaart op West-Afrika uit dit handelsartikel nog grooter voordeelen kan behalen, dan tot dusver het geval was.

---

[1] Dr. J. W. Gunning, *Iets over de vetten der palmnoten* in *De Volksvlijt, Tijdschrift voor nijverheid, landbouw, handel en scheepvaart*, 1861, bl. 247.

Sedert den allerlaatsten tijd belooft een vierde artikel een niet minder schoone toekomst, namelijk de k o f f i e. Een jaar geleden zette ik elders uiteen [1], dat de koffiestruik niet, zoo als men veelal beweert, oorspronkelijk in Arabië te huis behoort, maar dat die uit Afrika derwaarts is overgeplant, in welk werelddeel dit gewas overal tusschen de keerkringen in het wild groeit. Tevens wees ik toen op de koffie, die destijds reeds bij kleine partijtjes uit West-Afrika in Europa was aangebracht en sprak het vermoeden uit, dat die aanvoer aanzienlijk kon toenemen, zoodra de negers de handelswaarde van dit produkt hadden leeren kennen. Veel spoediger dan ik durfde verwachten, is die voorspelling verwezenlijkt, daar de Afrikaansche Handelsvereeniging sedert reeds belangrijke hoeveelheden koffie te Rotterdam ter markt bracht, onder anderen met hare nu in April binnengekomen stoomboot 180 ton.

Nevens deze hoofdwaren van den handel op West-Afrika — tot dusver de drie nader door ons behandelde vetstoffen, daar eerst latere ervaring kan uitmaken, hoeveel koffie dit uitgestrekt gebied kan voortbrengen — zijn de andere produkten, die het voor den handel oplevert, zoo als gommen, huiden, timmerhout, verwhout, verwmossen, zelfs ivoor en goud, slechts van ondergeschikt belang. Bij g o u d en i v o o r dient men vooral in het oog te houden, dat zij wel in verhouding tot omvang en gewicht groote waarde bezitten, maar juist daardoor voor handel en scheepvaart van betrekkelijk gering belang zijn. Hoe weinig scheepsruimte beslaat toch een millioen aan stofgoud in vergelijking met een millioen aan palmolie. Wel heeft de ontdekking der Californische en Australische goudmijnen eene geheele omwenteling in den wereldhandel veroorzaakt, maar alleen indirekt, omdat de naar deze mijnen stroomende blanke bevolking te voren schaars bewoonde landen voor het handelsverkeer vruchtbaar maakte. Zulks kan alleen geschieden in een gematigd klimaat. In tropische gewesten zal goud alleen den groothandel weinig

---

[1] Zie mijne redevoering in de *Handelingen van het Indisch Genootschap*, 8 Februari 1870.

baten, als het land, dat het voortbrengt, daarnevens weinig of geen handelsartikelen van grooten omvang oplevert.

Dit is voor een groot deel de reden, dat de Goudkust voor den tegenwoordigen West-Afrikaanschen handel zoo weinig beteekent. Deze kust levert nog heden even als oudtijds bijna al het stofgoud, dat uit West-Afrika wordt uitgevoerd en als men in aanmerking neemt, dat zeker van geen handelsartikel de waarde aan de zeekantoren zoo onnauwkeurig wordt opgegeven als juist van stofgoud, dan komt men, als men de cijfers van heden met die van vroeger vergelijkt, tot het rezultaat, dat er tegenwoordig nog altijd dezelfde, hoeveelheid van wordt uitgevoerd, als in den aanvang der zeventiende eeuw. Daarentegen komen van de Goudkust in het geheel geen aardnoten en in vergelijking met andere deelen van West-Afrika slechts weinig palmolie en palmpitten. Terwijl de uitvoer der meeste andere kuststreken zoozeer in deze eeuw is toegenomen, bleef die der Goudkust nagenoeg stacionnair en bovendien van te minder belang voor de scheepvaart, omdat de hoofdwaarde van den uitvoer aldaar in het zoo weinig plaats vullende goud bestaat. Het zal niet overbodig zijn, de juistheid dezer bewering eenigzins nader met cijfers toe te lichten.

De Engelsche koopvaardijkapitein Robertson schatte in zijne vroeger reeds aangehaalde berekening den geheelen jaarlijkschen uitvoer van West-Afrika gedurende de jaren 1812—1817 op eene waarde van 219,200 £. Hierbij dient men op te merken, dat genoemde schrijver alleen opgeeft, wat destijds werd uitgevoerd van Cape Mount in het tegenwoordig Liberia af tot aan den Gabon en dan nog alleen voor die handelplaatsen der Kust van Guinee, die toen door de scheepvaart bezocht werden, zoodat de thans voor den handel zoo belangrijke Slavenkust, zoowel het nog steeds onafhankelijk gedeelte (Popo, Whydah, Porto Novo) als het nu onder de Engelsche kolonie Lagos staande oostelijk deel van Badagry af tot Leckie, ja zelfs de dan oostwaarts volgende, nu zooveel palmolie produceerende rivieren van Benijn af tot den New-Calabar door hem met *no trade of not freguented* worden voorbijgegaan en dus niet tot de boven opgegeven som bijdragen. Evenmin is daaronder begrepen geheel Neder-Guinee bezuiden den evenaar, dat destijds behalve slaven alleen ivoor opleverde, de toen nog zoo jeugdige Engelsche kolonie Sierra Leone, die na hare stichting in 1787 met zooveel moeijelijkheden te kampen had en dus destijds nog niet veel in den groothandel zal hebben gebracht, de Gambia, waar de Engelschen eerst in 1816 hun sedert jaren verlaten etablissement op nieuw vestigden, toen zij den Senegal aan Frankrijk moesten teruggeven, eindeli, ¡ Portugeesch- en Fransch-Senegambië, dat echter destijds behalve slaven alleen Senegal-gom zal hebben opgeleverd. Juist omdat de opgaven van Robertson slechts betrekking hebben op een deel, van hetgeen ik in dit geschrift onder West-Afrika begrijp, blijft het te opmerkelijker, dat daaronder de uitvoer der Goudkust zoo geringe plaats beslaat; de toenmalige Engelsche, Hollandsche en Deensche forten aldaar leverden volgens hem toch 49,000 £ 's jaars en wel 32,000 aan stofgoud en 12,000 aan ivoor.

Evenmin als ik voor West-Afrika's uitvoer in 1817 een algemeen cijfer kan geven, kan ik dit voor den tegenwoordigen tijd. Om zulks te verkrijgen, zoude ik uit al de handelstatistieken van de Vereenigde Staten van Noord-Amerika en van de verschillende Europeesche landen, die op West-Afrika handel drijven, hebben moeten berekenen, wat in ieder dier staten rechtstreeks uit West-Afrika wordt ingevoerd, waartoe mij op dit oogenblik de noodige gegevens ontbreken. Men kan zich echter reeds een duidelijk denkbeeld vormen, hoeveel West-Afrika thans als land van produkcie beteekent, wanneer ik hier uit de in Engeland en Frankrijk opgemaakte handelstatistiek mededeel, wat in beide landen, die thans het grootste verkeer met West-Afrika hebben, in 1868 van daar is aangebracht, opgaven, die ons tevens leeren, wat daarvan uit ieders koloniën of uit het vrije negerland afkomstig is.

In genoemd jaar verkreeg Engeland uit geheel West-Afrika

eene waarde van 2,447,630 £ , waarvan 1,884,229 uit *Western Coast of Africa*, *not particularly designated*, en 24,560 uit Fernando Po, hetgeen echter, daar dit Spaansche eiland zelf weinig produceert, uit de rivieren der tegenoverliggende Bocht van Biafra zal gekomen zijn. Uit Fransch-Senegambië, dat in de statistiek afzonderlijk vermeld wordt, wordt niets in Engeland ingevoerd. Zoo ik mij niet bedrieg, evenmin uit de rechtstreeks onder Portugeesche gezag staande Westkust van Afrika. De afzonderlijk opgegeven Canarische en Azorische Eilanden met Madeira heb ik, als buiten het terrein van dit onderzoek gelegen, niet medegeteld onder het boven opgegeven totaal-cijfer. De beide laatste posten, drie vierden van het geheel, betreffen dus den invoer uit ' vrije negerland, terwijl uit de vier Engelsche koloniën in West-Afrika slechts werd ingevoerd 538,841 £. Zoo als reeds in den aanvang van dit hoofdstuk werd opgemerkt, is dit cijfer waarschijnlijk nog te hoog voor de handelsbeweging tusschen het moederland en de koloniën, daar schepen uit West-Afrika, die slechts een deel hunner lading uit de kolonie verkregen, licht bij inklaring in de Engelsche havens de geheele lading als uit de kolonie verkregen kunnen opgeven. De juistheid van dit vermoeden wordt bevestigd bij vergelijking van de in Engeland opgemaakte statistiek met die, welke in de koloniën wordt opgemaakt. [1] In de eerste wordt voor den invoer in Engeland over 1868 uit Sierra Leone opgegeven: 105,916 £ , uit Gambia 49,929; in de tweede voor dien uit Sierra Leone 66,077 , uit Gambia 23,712. Tot mijn leedwezen kan ik voor de Goudkust en Lagos deze vergelijking niet maken, daar de koloniale statistiek daarover sedert 1861 geene opgaven mededeelt — een bewijs, dat de koloniale administracie der Engelsche Goudkust toch niet zoo bijzonder voortreffelijk is. Daarentegen zijn in de jaren vóór 1862 de cijfers der koloniale statistiek voor den uitvoer van de Goudkust naar Engeland hooger, dan die in de andere over den invoer in Engeland van daar, hetgeen ik alleen

---

[1] De eerste heet *Statistical abstract for the United Kingdom*, de tweede *Statistical abstract for the several colonial and other possessions of the United Kingdom*

daaraan kan toeschrijven, dat de waarde van het ingevoerde stofgoud bij inklaring dikwijls verzwegen wordt.

In Frankrijk werd in 1868 uit West-Afrika ingevoerd in het geheel 38,283,402 francs, waarbij ik ter vermijding van misverstand moet opmerken, dat de Fransche handelstatistiek onder West-Afrika nog begrijpt de Kaapkolonie, hetgeen echter niet veel verschil zal opleveren, daar volgens mijn beste weten de rechtstreeksche handel tusschen deze Engelsche bezitting en Frankrijk van weinig beteekenis is. Ook zal hieronder waarschijnlijk begrepen zijn de boven bij den invoer in Engeland door mij buiten berekening gelaten West-Afrikaansche eilanden, zoodat dit totaal-cijfer van den invoer in Frankrijk in ieder geval een eenigzins grooter gebied omvat. De officiëele statistiek splitst dit cijfer aldus: uit den Senegal kwam 10,954,270 fr., uit Goeree 4,795,643, uit de Engelsche bezittingen (hoofdzakelijk de zooveel aardnoten opleverende Gambia en Sierra Leone) 7,050,993 fr. en uit het overige West-Afrika 15,482,496 fr. Daar hier niet afzonderlijk wordt opgegeven de invoer uit de kleine koloniën der Franschen in West-Afrika, de Gabon en de zoogenaamde Fransche Goudkust, is die misschien onder den laatsten post begrepen; daarentegen bevat de invoer uit Goeree stellig veel, dat eigenlijk uit de naburige Engelsche bezittingen en vrije, rivieren met kustvaartuigen naar dit eiland gebracht en van daar naar Frankrijk verscheept wordt. Nemen wij aan, dat een en ander tegen elkander opweegt, dan blijkt hieruit, dat ook Frankrijk uit eigen koloniaal bezit slechts de kleinste helft verkreeg, van hetgeen uit West-Afrika werd ingevoerd. Merkwaardig is het hierbij ook, hoezeer deze uitvoer naar Frankrijk hoofdzakelijk bestaat uit aardnoten, waarvan in 1868 rechtstreeks werd aangebracht 64,503 ton, terwijl de direkte aanvoer van palmolie uit West-Afrika slechts bedroeg 4,646 ton.

Wat is nu het aandeel der Goudkust in de tegenwoordig zoo aanzienlijke produkcie van West-Afrika? Ook dit kan ik niet onder een algemeen cijfer brengen, want al laat ik de Fransche bezittingen op de Goudkust, die eigenlijk grootendeels op de Tandkust liggen, buiten berekening, omdat ik voor den geheelen uitvoer van daar geen juiste gegevens heb, evenmin heb ik die voor onze Nederlandsche Goudkust, waar in onze forten geen handelstatistiek wordt opgemaakt. Al mocht men er toch op aan kunnen, dat hetgeen in onze hier te lande opgemaakte handelstatistiek als invoer van de Kust van Guinee voorkomt, werkelijk geheel uit onze kolonie verkregen is, dan is dit alleen, wat van daar naar Nederland wordt uitgevoerd. Daar wij nu geene differenciëele rechten op de scheepvaart aldaar heffen en onze forten ook door vreemde schepen bezocht worden, is er ook van onze Goudkust stellig naar andere landen uitgevoerd. Voor de Engelsche Goudkust bestaat het bezwaar, dat in de Engelsche statistieken de handelsbeweging van de Goudkust en Lagos onder hetzelfde hoofd voorkomt, terwijl dit, zoo als ik reeds opmerkte, in de koloniale statistiek voor de laatste negen jaar niet is ingevuld. Toch kan een deskundige, die in het oog houdt, dat de Engelschen Lagos in 1861 bezet hebben, en dat zij in de beide volgende jaren deze kolonie oost- en westwaarts tot Leckie en Badagry uitbreidden, reeds uit de in Engeland opgemaakte statistiek opmaken, hoeveel meer Lagos voor den handel beteekent dan de eigenlijke Goudkust. Daarin blijft toch de invoer in Engeland onder het hoofd Goudkust van 1856—1863 altijd beneden 100,000 £ en bereikt soms niet eens de helft dier som, stijgt echter in 1864 tot bijna het dubbele, neemt voorts gestadig toe en bereikt zelfs in 1869 het cijfer van 488,149 £. Deze vermeerdering van den uitvoer kan alleen uit de nieuwe kolonie Lagos komen, waarvan de belangrijke handel van elders genoeg bekend is [1]. Met nog meer zekerheid is dit op te maken uit de statistieke opgaven achter

---

[1] Zie onder anderen over Lagos het bericht van een ooggetuige, den vermaarden Afrikaanschen reiziger G e r a r d R o h l f s in *Das Ausland* voor 1870, s. 484, waaruit blijkt, dat van daar in 1867 werd uitgevoerd 12,414 ton palmolie, 9,600 ton palmpitten en wat vooral de aandacht verdient, 7,112 ton katoen, het produkt der achter Lagos gelegen republiek Abbeokoeta, over wier merkwaardige geschiedenis men vergelijke: T. M. L o o m a n, *Abbeokoeta of de dageraad tusschen de keerkringen*, Amst. 1860, een werkje, dat zeer de aandacht verdient ook van hen, die weinig met het zendelingwezen ophebben.

het rapport van den kolonel Ord, waarin steeds de Goudkust en Lagos zorgvuldig gescheiden zijn. Daarin wordt voor den geheelen uitvoer der Engelsche Goudkust in 1863 opgegeven: eene waarde van 53,764 £, waaronder 27,009 aan stofgoud en 22,569 aan palmolie; voor dien uit Lagos in hetzelfde jaar, het tweede na de annexatie door Engeland, waardoor de uitvoer aanvankelijk achteruitging: 158,341 £, waaronder 138,250 aan palmolie en palmpitten. Ik moet er echter bijvoegen, dat de uitvoer der Goudkust in 1863 bijzonder gering was, zeker ten gevolge van den toen heerschenden oorlog met Asianti, die Engeland zooveel geld en troepen gekost heeft en dat die uitvoer in vorige jaren steeds meer dan 100,000 £, in 1854 zelfs 200,000 £, bedroeg. In dat jaar werd voor 115000 £ aan palmolie uitgevoerd, hetgeen tegen 40 £ per ton, nog geen 2400 ton zou zijn.

Wat beteekent dit nu, en in de volgende jaren was de uit-voer van palmolie steeds minder, voor zulk een uitgestrektheid als de Engelsche Goudkust, in vergelijking met hetgeen de on-afhankelijke rivieren der Bocht van Guinee, door de Engelschen zoo te recht *oilrivers* geheeten, opleveren. Van daar toch werd in hetzelfde tijdperk alleen uit de rivieren New-Calabar en Bonny van 1 Juli 1854—1 Juli 1855 aan palmolie uitgevoerd 16,124 ton, uit de geheele Bocht van Biafra van Kaap Formosa tot Kaap St. John 25,060 ton. [1] Deze rivieren hebben echter het zoo vruchtbare delta-land van den Niger achter zich, terwijl de Goudkust behalve aan het oostelijk en westelijk uiteinde niets heeft, wat op een bevaarbare rivier gelijkt, en dan nog de her-haalde oorlogen tusschen Asianti en het Fantijnsche bondge-nootschap daar steeds den aanvoer uit het binnenland zullen belemmeren, zoo lang de overmacht van het eerste rijk niet voor goed gebroken is.

Hoe onvolledig de bovenstaande opgaven over de tegenwoordige

---

[1] Thomas J. Hutchinson, *Impressions on Western Africa*, London 1858, p. 252. De schrijver was Engelsch konzul voor de Bocht van Biafra te Fernando Po en dus voor de boven gegeven opgaven de meest bevoegde autoriteit.

handelsbeweging der Goudkust in haar geheel mogen zijn, er blijkt voldoende uit, dat deze kuststreek nog weinig gedeeld heeft in de belangrijke ontwikkeling, die de meeste andere deelen van West-Afrika in deze eeuw verkregen. Het oogenblik harer wedergeboorte is nog niet gekomen en kan eerst aanbreken, wanneer de Goudkust, die nu onder Frankrijk, Nederland en Engeland verdeeld is, aan ééne koloniale mogendheid behoort. Deze kust vormt toch uit een geografisch en etnografisch oogpunt een ondeelbaar geheel. Vooral tusschen het Nederlandsch en Engelsch gedeelte staan de verschillende negerstammen sedert eeuwen in de nauwste betrekking tot elkaar en is de door het traktaat van 1867 aangenomen grens een paar uur van de kust slechts een denkbeeldige lijn op de kaart. Alleen hetzelfde koloniaal bestuur kan hier te midden der herhaalde verwikkelingen tusschen de negers dezelfde politiek volgen. Al ware het denkbaar, dat de regeeringen in Europa elkander steeds te dien aanzien verstonden, voortdurend gelijkluidende instrukcies aan hunne goeverneurs gaven, ten eeuwigen dage op de Goudkust dezelfde rechten en belastingen hieven, dan nog ware het behoud van twee goeverneurs even ondoelmatig, als dat men bijvoorbeeld op Bali aan twee van elkander onafhankelijke rezidenten de politieke leiding over de onder elkander in zoo nauwe betrekking staande Balineesche vorsten opdroeg. De zeevarende volken van Europa, die zooveel kwaad op de Goudkust bedreven, zijn zedelijk verplicht, daar eindelijk orde en welvaart te verspreiden. Deze taak moet, zal zij volbracht worden, aan een hunner worden opgedragen. Engeland, dat na de bloedige oorlogen, die het van 1824—1826 en later weder in 1863 met Asianti voerde, door de meeste negerstammen der Goudkust, zelfs door die van het Nederlandsch gedeelte, als hun natuurlijke beschermer tegen dien roofstaat beschouwd wordt, kan dien moeijelijken plicht veel beter vervullen dan Nederland, dat slechts op de gehechtheid der bewoners van Elmina en enkele andere krommen onder den rook onzer forten kan steunen. Men wane toch niet, dat deze taak zoo licht is. Het volbrengen daarvan zal geen tonnen, maar millioenen kosten, zonder dat de mogendheid, die deze

taak op zich neemt, zich vleijen mag, de groote opofferingen,
die zij zich daarvoor getroost, in de naaste toekomst door noemenswaarde handelsvoordeelen vergoed te zien. Ten bewijze daarvan zal het niet ondienstig zijn, in een volgend hoofdstuk nader
uiteen te zetten, wat Frankrijk, de eenige Europeesche mogendheid, die in zijne West-Afrikaansche bezittingen inderdaad als
een beschaafd gezagvoerder der negervolken is opgetreden en
dat wel voornamelijk in Senegambië, door zijne talrijke rivieren
zoo veel gunstiger terrein dan de stroomlooze Goudkust met
haar moeijelijk genaakbaar achterland, aan die uitbreiding van
zijn politieken invloed heeft te koste gelegd en welke praktische
rezultaten het daardoor voor het moederland verkreeg.

V.

HET FINANCIEEL RESULTAAT VAN DE FRANSCHE UITBREIDINGS-POLITIEK IN WEST-AFRIKA.

Fransch-Senegambië, door de Franschen naar de voornaamste rivier gewoonlijk *le Sénégal* genoemd, omvat thans behalve de westkust der Sahara tot Kaap Blanco (het eiland Arguin
en de baai van Portendik, vroeger Nederlandsche bezittingen,
bekend door het heldhaftig gedrag van Jan Reyersz, den man,
die geen Fransch verstond) bijna geheel Senegambië, daar de
Engelsche kolonie aan de Gambia en de Portugeesche posten
in Zuid-Senegambië in politieken zin slechts onbeduidende en-
claves zijn in dit uitgestrekte kolonizacieterrein der Franschen.
Zoo als ik reeds vroeger opmerkte, is Fransch-Senegambië van
al de West-Afrikaansche koloniën de eenige, die in waarheid
eene veroveringskolonie heeten kan. Deze meerdere politieke
ontwikkeling dagteekent eerst van de laatste zestien jaar en is
onder het in koloniale aangelegenheden zoo verlicht bestuur van
Napoleon III vooral verkregen door de krachtige leiding van
den kolonel der zjenie Faidherbe en den kapitein ter zee Jauré-

guiberry, die sedert 1855 herhaalde malen deze kolonie bestuurden, beide dappere krijgslieden, wier verdiensten reeds lang bekend waren bij ieder, die op de toestanden in vreemde koloniën het oog gevestigd houdt, maar eerst onlangs meer de algemeene aandacht trokken door hunne onvermoeide pogingen, om den krijgskans in den laatsten oorlog ten gunste van Frankrijk te doen keeren. Toch hadden de Franschen zich reeds meer dan twee honderd jaar geleden op het eiland St. Louis nabij den mond van den Senegal gevestigd [1] en veroverden zij reeds in 1677 op de Nederlandsche West-Indische Kompanjie het eiland Goeree bij Kaap Verd, dat hun even als de op de tegenovergelegen kust gelegen faktorieën te Rufisque, Portudal en Joal bij den vrede van Nijmegen werd afgestaan. Hoewel zij in de eerste helft der vorige eeuw verschillende forten hooger aan den Senegal vestigden en onder den ondernemenden André Brue, die tusschen 1697 en 1720 tweemaal de kolonie bestuurde, zelfs langs den Falémé tot in het goudland Bamboek doordrongen, bestond deze bezitting, toen zij die in 1817 van de Engelschen terug bekwamen, eigenlijk alleen uit de eilandjes St. Louis en Goeree. Sedert werden weder eenige forten op den Senegal aangelegd, onder anderen in 1818 dat te Bakel, een weinig beneden de zamenvloeijing van den Boven-Senegal en den Falémé, maar de oude en slaafsche verhouding van het Europeesche gezag tegenover de inlanders, de kostumen uit de dagen van den slavenhandel bleven nog lang voortbestaan. Bij voorbeeld ieder vaartuig, dat aan de zooge-

---

[1] Het juiste tijdstip der stichting van St. Louis is moeijelijk op te geven, zoo lang de Franschen, wien het, zoodra het hun nationalen roem geldt, ten eenenmale aan historische kritiek schijnt te ontbreken, tegen al, wat van elders bekend is, blijven volhouden, dat hunne vaart op Guinee niet begonnen is omstreeks de helft der zestiende eeuw, maar reeds twee eeuwen vroeger. Uit de reis van Claude Jannequin naar den Senegal (*Hist. Gén. des Voyages*, T. III, p. 261) blijkt duidelijk, dat er in 1637 nog geen fort te St. Louis was. Dapper, *Afrika* (Amst. 1668, bl. 340) zegt, dat die sterkte *eenige jaren geleden* gesticht is; daar die schrijver zijne bronnen, zonder ze te noemen, woordelijk overschrijft, brengt deze opgaaf ons niet veel verder. Zooveel blijkt echter uit een en ander, dat het tusschen 1640 en 1660 zal hebben plaats gehad.

naamde *escales* op den noordoever van den Senegal van de Mooren
der Sahara gom kwam koopen, moest om den handel te mogen
beginnen, goederen betalen, soms ter waarde van zeshonderd
francs en dan nog eens offeren, om het aangekochte stroomaf-
waarts naar St. Louis te mogen voeren. De koning der Trarzas,
een dier Moorsche stammen, hief zelfs belastingen van de kooplieden tot in Guet Ndar, de voorstad van St. Louis. De Fransche
regeering betaalde bovendien jaarlijks tribuut aan de hoofden
dezer Mooren en aan de meeste negervorsten langs den Senegal.
Kontrakten, gesloten in naam van den schepper van hemel en
aarde, eindigden aldus: dat de regeering betalen zou aan den
koning van Walo (bezuiden St. Louis) tien flesschen brandewijn;
aan zijn bediende twee flesch en een staaf ijzer; aan Guimbotte
(princes van Walo, gehuwd in 1832 met het hoofd der Trarzas)
een kistje, een stuk moesselien, vier flesch brandewijn, tien
rollen tabak, een pond kruidnagels en bovendien voor haar
levensonderhoud!!! eene *dame-jeanne* cognac. ' Deze vernederende
gebruiken bleven in zwang, totdat Faidherbe in December 1854
goeverneur werd. Sedert betaalt de regeering geene dezer *coutumes*
meer en zijn die, welke de Mooren van den gomhandel hieven,
door vaste rechten vervangen. Dit geschiedde echter niet zonder
het voeren van herhaalde bloedige oorlogen. Zoo moesten de
Moorsche stammen der Trarzas, Braknas en Douaïches, die allengs veel gezag verkregen hadden in de negerstaten aan de
zuidzijde van den Senegal, naar den noordoever teruggeworpen
worden, hetgeen met de Trarzas eerst na een vierjarigen oorlog
gelukte. Aan den Boven-Senegal, waar in 1855 beneden den
Feloe-Waterval op duizend kilometers van St. Louis het fort
Medina gesticht was, had men een hachelijken strijd te voeren
met den Mohammedaanschen geestdrijver El Hadj Omar, die
onder de Foela's van den Senegal een groot rijk wilde stichten
en eerst na zes jaar zich van dit gebied naar dat van den
Boven-Niger terug trok. ²

---

¹ *Tour du Monde*, 1861 T. I p. 19.
² Uit de belangrijke reis van den luitenant ter zee Mage en den scheepsdokter Quintin, die op aanbeveling van Faidherbe in 1863 van St. Louis naar den

Door deze en andere expedicies strekt het Fransch gezag zich
nu uit over het geheele stroomgebied van den Senegal en Falémé,
zoover beide rivieren bevaarbaar zijn; al de negerstaten aan den
Senegal erkennen de suzereiniteit van Frankrijk, of zijn bij de
kolonie ingelijfd, zoo als dat van Walo en de kuststrook van
Cayor tusschen den Senegal en Kaap Verd. Van Goeree uit
hebben de Franschen in hetzelfde tijdperk hun macht doen gevoelen aan de tusschen Kaap Verd en de Gambia gelegen rijken
Baol, Sin en Saloem en in het laatste 120 kilometer op de
rivier den post Kaolakh gesticht. De vooralsnog onder Engelsch gezag staande Gambia overspringende, komt men aan de
Casamance, een diep in het land indringenden zeearm, waar de
Franschen reeds in 1836 en 1837 aan den mond en 180 kilometers hooger de faktorieën Carabane en Sedhioe hadden gevestigd
en in de latere jaren door verschillende expedicies hun gezag
wederom hebben uitgebreid, zoodat zich zulks thans met uitzon-

---

Boven-Niger vertrokken en meer dan twee jaar door Ahmadoe, zoon van El Hadji te
Sego werden opgehouden (de reisbeschrijving van Mage vindt men : *Tour du Monde*
van 1868 T. I en *Revue mar. et col.* 1867 en 1868) blijkt, dat El Hadj Omar,
wiens dood geheim gehouden werd, in 1864 of 1865 moet gesneuveld zijn en
dat het door hem aan den Boven-Niger gestichte rijk door den opstand van de
Bambarra's en andere negerstammen zijn ondergang te gemoet gaat. De Foela's
(ook Peul, Fulbe, Fellani en Fellata's genoemd) behooren, hoezeer veel met
negers vermengd, reeds niet meer tot de eigenlijke negers. Misschien etnografisch
verwant aan de Kopten of Egyptische Fella's, hebben zij zich reeds voor ver-
scheidene eeuwen over geheel Soedan tot in Senegambië verspreid, waar zij eerst
als in taal en zeden afzonderlijke stammen onder de negers woonden, later na
hunne bekeering tot den Islam als veroveraars optraden. Zoo stichtten zij in het
laatst der vorige eeuw in Senegambië de rijken Foeta Toro, Bondoe en Foeta
Djalon, van af het begin dezer eeuw in Soedan de groote rijken van Haussa en
Massena, die met de vele daaraan onderworpen landen zich langs de beide boven-
armen van den Niger, Kworra en Binue, uitstrekken en ons door de reizen
van Denham, Clapperton en Barth, laatstelijk door die van Mage en Rohlfs
nader zijn bekend geworden. Vg. over de Foela's T h e o d o r W a i t z, *Anthro-
pologie der Naturvölker*, Th. II s. 447—474, F a i d h e r b e, *Notice sur la
colonie du Sénégal* in *Nouvelles Annales des voyages*, 1859 en vooral een later
opstel over de Foela's (*Revue maritime et coloniale*, Nov. 1866 p. 666—676) van
genoemden generaal, die blijkens deze en andere geschriften de pen niet minder
goed hanteert dan het zwaard.

dering van den Portugeeschen post Zighinchor over dit geheele stroomgebied uitstrekt. Zuidwaarts volgen dan de door enkele Portugeesche forten bezette en voorts onafhankelijke rivieren St. Domingo, Geba en Rio Grande, maar aan de rivieren, die van daar af tot nabij Sierra Leone in zee vallen, zoo als de Rio Cassini, Nunez, Pongo en Mallecory zijn sedert de laatste tien jaar een aantal Fransche handelsfaktorieën, terwijl de Fransche regeering in 1867 te Boké aan den Rio Nunez een agent der kultures geplaatst heeft, om daar koffieplantazjes aan te leggen. [1]

Om verwarring te voorkomen, moet ik hier nog opmerken, dat evenals de westkust der Sahara van den Senegal tot Kaap Blanco slechts in naam aan Frankrijk behoort en niet door deze mogendheid bezet is, zoo ook door haar voor 1865 geen versterkte post gevestigd was aan een der het laatst genoemde rivieren tusschen Portugeesch-Guinee en Sierra Leone. De Fransche faktorieën aldaar waren partikuliere handelsnederzettingen, wier invloed tot bevordering van den wettigen handel hier te nuttiger was, daar dit deel van Zuid-Senegambië nog zeer kort geleden een der laatste markten voor den slavenhandel was. Nog in 1853, 1854 en 1855 vermeesterden de Engelsche kruisers een slavenhaler in den Rio Pongo, terwijl in 1864 zulk een schip bij zijne pogingen om te ontsnappen, in den Rio Nunez aan den grond raakte [2]. De omzet van den wettigen handel der Fransche, Engelsche en Amerikaansche faktorieën aan den Rio

---

[1] De beste mij bekende kaart van Senegambië is die van den Berlijnschen kartograaf Kiepert in het *Zeitschrift der Gesellschaft für Erdkunde* voor 1866, die nog het schiereiland Sierra Leone omvat en waarop de verschillende nederzettingen aan de rivieren van Zuid-Senegambië worden aangegeven. Een beknopt overzicht der geschiedenis van Fransch-Senegambië vindt men in de *Notices col. Franç.*; voor de laatste uitbreiding raadplege men vooral Duval, *Les colonies et la politique coloniale de la France* (1864) p. 25—134, welk opstel grootendeels reeds geplaatst was in de *Revue des deux mondes*, Oct. 1858. Vg. eindelijk over de koffiekultuur aan den Rio Nunez *Revue maritime et coloniale*, Oct.—Dec. 1870.

[2] Zie de *Slave Trade Correspondence* in de *Parliam. papers* van 1856 en het *Report* van Colonel Ord, p. 15 en 38.

Nunez wordt voor den in en uitvoer te zamen door de *Notices sur les colonies Françaises* op eene waarde van minstens vier mil-lioen francs begroot, hetgeen waarschijnlijk sedert vermeerderd is, daar blijkens de latere kaart van Kiepert nieuwe fakto-rieën aan den Rio Pongo en Mallecory gevestigd zijn. De voor-naamste artikelen van uitvoer aldaar waren: huiden, aardnoten, ivoor, goud en hetgeen vooral de aandacht verdient: koffij uit de hier niet ver van de kust verwijderde bergstreek. De heer Lang, de bovengenoemde kultuuragent te Boké, begroot deze inheemsche produkcie op 5000 kilo om de twee jaar, daar de zorgelooze neger bij den pluk der in het wild groeijende boomen de takken afrukt en zoo den oogst voor het volgende jaar ver-nielt. Uit de vestiging van dezen kultuuragent en van den post te Boké blijkt, dat de Fransche regeering nu ook haar recht-streeksch gezag over dit deel van Senegambië wil uitbreiden, terwijl zij reeds vroeger door onderhandelingen met de neger-hoofden zooveel mogelijk den handel beschermde [1].

Daar nu de Engelschen hier in naam eigenaars zijn van het eiland Boelam voor den mond van den Rio Grande en van de Los-Eilanden tusschen den Rio Pongo en Mallecory, daar zij met verschillende negerhoofden tusschen den Rio Pongo en Sierra Leone kontrakten hebben aangegaan tot wering van den slavenhandel, waarbij gewoonlijk geldelijke voordeelen aan deze hoofden worden toegekend, is het ter voorkoming van verwik-kelingen tusschen beide naciën wenschelijk, dat hun kolonizacie-gebied alhier meer bepaald wordt begrensd. Ik vooronderstel dan ook, dat Gladstone onderanderen deze streek bedoelde, toen hij verleden jaar in het parlament aankondigde, dat onder-handelingen waren aangeknoopt, om de Gambia aan Frankrijk aftestaan en de grenzen der wederzijdsche bezittingen nauw-keuriger af te bakenen.

Om aan te toonen, wat Fransch-Senegambië aan het moeder-land kost en oplevert, bepaal ik mij, daar de mij hiervoor ten

---

[1] Zoo had de luitenant ter zee Lambert in 1860 op zijne reis naar Foeta Djalon een zamenkomst met een hoofd aan den Rio Nunez, weinige maanden later de goeverneur Faidherbe. (*Tour du Monde,* 1861 T. I p. 374.)

dienste staande gede taljeerde opgaven reeds eenige jaren oud zijn, tot den omvang der kolonie voor 1865, dus tot het geheele Senegal-Gebied, de kuststreek van den mond dier rivier tot den Saloem en tot het grootste deel van het land aan de Casamance Wanneer men bedenkt, dat de Franschen daar volgens de kaart van Kiepert een dertigtal forten bezetten, behalve de daar telkens stacionneerende oorlogschepen in de kolonie eene stoomflottielje van tien vaartuigen onderhielden, herhaaldelijk kostbare expedicies moesten voeren, dan begrijpt men, dat de kosten van bestuur niet gering zijn. Op de Fransche staatsbegrooting was dan ook voor Senegambië uitgetrokken 4,201,840 fr. in 1862; 3,804,970 fr. in 1863; 3,844,090 fr. in 1864, waaronder wel begrepen is het vaste subsidie van de koloniale begrooting ten bedrage van 590,000 fr., maar niet, hetgeen nog op de eigenlijke marine-uitgaven voor Senegambië werd uitbetaald, dat volgens de afgesloten rekeningen in 1861 alleen 1,541,380 fr. bedroeg. Tegenover deze bijdragen van het moederland, die tusschen de vier en vijf millioen 'sjaars beloopen, maken de middelen, die in de kolonie ten dienste der lokale begrooting geheven werden en in dezelfde jaren vier à vijf honderd francs bedroegen, al een zeer povere figuur.

Wat verkreeg nu Frankrijk ter vergoeding dezer groote geldelijke opofferingen? Voor Europeesche kultuurondernemingen niets, want zoo als de *Notices* uitdrukkelijk opmerken: „L'agriculture au Sénégal est entièrement aux mains des noirs." Daarentegen is in Fransch-Senegambië de handelsbeweging in deze eeuw ontegenzeggelijk aanzienlijk toegenomen. De jaarlijksche uitvoer naar Frankrijk in den specialen handel [1] bedroeg toch van 1818 tot 1830 tusschen een à anderhalf millioen francs, in 1840 reeds bijna drie millioen, in 1854 8,423,955 fr., in de jaren 1857—1861 gemiddeld 11,791,754 fr. Deze cijfers geven de offi-

---

[1] De Fransche handelstatistiek onderscheidt tusschen *commerce spécial* en *général*. Het laatste omvat al, wat in Frankrijk wordt ingevoerd, ook dat, wat in antrepoo opgeslagen of doorgevoerd wordt; het eerste alleen, wat in Frankrijk verbruikt wordt en waarvan de inkomende rechten betaald worden.

cieele waarde, opgemaakt naar een in 1826 vastgesteld tarief, en vertoonen dus een juist beeld, hoe ontzettend de uitgevoerde hoeveelheid in dit tijdsverloop gestegen is. Deze officieele waarde is echter veel hooger dan de werkelijke; bijvoorbeeld in 1861 werd volgens dien maatstaf naar Frankrijk uitgevoerd: 10,640,187 fr., dat in werkelijke waarde slechts f 8,786,651 fr. bedroeg. Groot is ook het aandeel van den Franschen handel in vergelijking, met hetgeen de kolonie naar elders uitvoert; in 1861 bedroeg toch de in- en uitvoer tusschen Frankrijk en Senegambië in den algemeenen handel in werkelijke waarde 14,673,898 fr., hetgeen van Senegambië in hetzelfde jaar naar vreemde landen of andere Fransche bezittingen ging en van daar werd verkregen slechts 5,273,812 fr. Dit is ten deele daaraan te wijten, dat tot 1864 al de produkten van den Senegal alleen naar Frankrijk en de Fransche bezittingen mochten worden uitgevoerd; in de andere Fransche havens van Senegambië werden volstrekt geene handels- of scheepvaartrechten geheven, maar hetgeen van daar wordt uitgevoerd, zijn voornamelijk aardnoten, die, zoo als wij boven reeds zagen meest naar Frankrijk gaan. Eerst bij keizerlijk dekreet van 24 December 1864 is aan de vreemde scheepvaart toegestaan, de produkten van den Senegal uit te voeren, zelfs naar Frankrijk, waar zij dan echter een *surtaxe* van 20 francs per scheepston moeten betalen. Hoewel ik daarvoor geene gegevens bezit, zou ik toch betwijfelen, of na deze wijziging de scheepvaart op St. Louis niet zeer is toegenomen; door de hooge rechten, die men in Frankrijk op vreemde vlaggen heft, werden toch al de aardnoten, zoowel uit de Engelsche koloniën aan de Gambia en Sierra Leone als uit de voor vreemde schepen opengestelde havens van Fransch-Senegambië, meest onder Fransche vlag vervoerd.

In hoever is nu deze belangrijke vermeerdering der handelsbeweging in Fransch-Senegambië een gevolg der meerdere politieke ontwikkeling, die Frankrijk sedert 1855 aan deze kolonie gegeven heeft? Ter beantwoording dezer vraag zijn de boven gegeven cijfers zeer leerrijk. De vermeerdering was toch het sterkst van 1830 tot 1854, toen de uitvoer van anderhalf millioen

tot bijna acht en een half gestegen is, waartegen die in volgende jaren veel minder is toegenomen. Daar nu Faidherbe
eerst in 1855 de nieuwe uitbreidingspolitiek inwijdde, blijkt
hieruit ten duidelijkste, dat de vermeerdering van den handel
hoofdzakelijk te wijten was aan de reeds vroeger besproken ontdekking der waarde, die de aardnoten als oliestof hadden en
aan den daardoor in dit artikel ontstanen handel. Voeg daarbij,
dat de aardnoten uit de Fransche kolonie hoofdzakelijk worden
voortgebracht in het Casamance-Gebied, waar men ook wel expedicies ondernomen heeft, maar die toch in vergelijking met die
aan den Senegal van minder beteekenis waren; dat de aardnoten
uit de Engelsche bezittingen en minder rechtstreeks onder Fransch
gezag staande rivieren, dikwijls met kustvaarders naar Goeree
gaan, daar in grootere schepen worden overgeladen en dus in
de Fransche statistiek als produkten der kolonie voorkomen,
en men zal moeten erkennen, dat de uitbreidingspolitiek in
Senegambië tot dusver Frankrijk weinig noemenswaarde voordeelen opleverde. Ik ontken daarom niet, dat het krachtig
optreden in den Senegal, het terugdrijven van El Hadj Omar
en vooral het bedwingen der den gomhandel met hunne kneve-
larijen zoo zeer belemmerende Moorsche hoofden ook tot nut
van den handel strekte en dat dit nut na langer tijdsverloop
duidelijker blijken zal; zelfs heeft van mijn standpunt de Fransche regeering, door eindelijk gezag over de inlanders uit te
oefenen en daardoor rust en welvaart in de kolonie te bevorderen, slechts den duren plicht vervuld, dien op ieder bezitter
eener veroveringskolonie rust, maar ik achtte het noodig, op
het tot dusver verkregen financieel resultaat dezer uitbreidingspolitiek te wijzen, ter ontnuchtering van hen, die zich verbeelden, dat men bij meerder krachtsinspanning der regeering
zooveel praktische voordeelen van onze Goudkust mag verwachten;
waarbij dan nog dit verschil ten onzen nadeele komt, dat het
Europeesch gezag in Senegambië met zijne talrijke rivieren
grootendeels te scheep kan optreden, aan de Goudkust verre
binnenlandsche expedicies zou moeten voeren.

Alvorens Fransch-Senegambië te verlaten, rest mij nog, ook

tot nadere toelichting van hèt bovenstaande, kortelijk op te geven, wat en welke voornaamste produkten ieder deel dezer uitgestrekte kolonie aan den handel opleverde. In 1861 werd uit den Senegal (St. Louis) uitgevoerd eene waarde van 2,934,341 francs, en wel aan gom, die voornamelijk uit de Sahara komt, 1,999,764 fr., aan aardnoten 522,783 fr. en aan ossenhuiden 225,354 fr. De uitvoer van Joal bedroeg slechts 80,775 fr., voornamelijk huiden (aardnoten slechts 1813 fr.). Kaolakh leverde nog minder op, namelijk 46,042 fr., meest huiden, aan aardnoten 14,011 fr. Gunstiger was de opbrengst der beide kantoren aan de Casamance, waarvan Carabane 320,353 fr. aan aardnoten in den handel bracht, Sedhioe in 1860 voor 614,000 fr. uitvoerde, onder anderen 441,983 fr. aan aardnoten en 109,644 fr. aan was. De oogst van aardnoten in het Casamance-Gebied werd in 1862 geschat op 5000 ton ter waarde van 1,333,800 fr. Den uitvoer van Goeree ga ik hier met opzet voorbij, daar dit rots-achtige eilandje niets en de nabijgelegen kust van Rufisque en Portudal niet veel oplevert en hetgeen verder van dit tolkantoor uitgaat, óf reeds onder de vorige opgaven begrepen is, of, zoo als ik reeds opmerkte, niet uit de Fransche kolonie afkomstig is. Het hoofdbelang van Goeree bestaat in de gunstige ligging als aanlegplaats voor de scheepvaart, welke gelegenheid nog zeer verbeterd is door de havenwerken, die de Fransche regeering heeft doen aanleggen te Dakar op de vaste kust aan den zuidelijken uithoek van Kaap Verd, zoodat de mailbooten van Frankrijk naar Brazilië sedert 1866 niet meer het onder Portugal behoorende Kaapverdische eiland St. Vincent aandoen, maar hier in de eigen kolonie binnen vallen.

Behalve hunne groote kolonie in Senegambië bezitten de Franschen in West-Afrika nog twee kleinere koloniën, de zoogenaamde Fransche Goudkust en de Gabon. Beide zijn eerst onder de regeering van Louis Philippe aangelegd, omstreeks denzelfden tijd, toen zij hunne tegenwoordige posten aan de Cazamance vestigden. Dit geschiedde met het doel, om aan het

eskader, dat Frankrijk volgens de traktaten met Engeland tot
wering van den slavenhandel op de Westkust van Afrika moest
onderhouden, ook buiten Senegambië stacions te bezorgen, maar
ook, zoo als de *Notices sur les colonies françaises* uitdrukkelijk ver-
zekeren, tot bevordering van den Franschen handel op de eigenlijke Kust van Guinee. In 1838 zond de Fransche regeering een
oorlogschip derwaarts onder den luitenant ter zee Bouet Willaumez, later meer algemeen bekend door zijne belangrijke geschriften over West-Afrika [1], vooral door zijne nitmuntende,
bijna door alle zeemachten gebruikte taktiek voor oorlogstoom-
booten, nu onlangs doordat de kundige zeeman in den laatsten
oorlog een zoo treurige rol moest vervullen als vlootvoogd over
een eskader van groote pantserschepen, door hun diepgang ten
eenemale ongeschikt, om op de vlakke kusten der Oostzee iets
uit te richten. Hem werd opgedragen een onderzoek der geheele
kust van de Los-Eilanden tot Kaap Lopez, om geschikte plaatsen
voor de nieuw op te richten posten uit te kiezen. Op zijn rapport werd besloten, die te vestigen aan de Rivier van Assinie
op het westelijk uiteinde der Goudkust, aan de naburige
Rivier van Grand-Bassam op de eigenlijke Tandkust en aan
den mond van den grooten zeearm de Gabon, iets benoorden den evenaar. Daar de Franschen reeds in de vorige eeuw
van 1700—1707 een fort te Assinie hadden, acht ik het niet
onwaarschijnlijk, dat deze historische herinnering er veel toe
heeft bijgedragen, hen weder naar de Goudkust te lokken.
In 1843 werden door drie verschillende expedicies de drie genoemde posten bezet. Hoewel ieder verschillende bevelhebbers
heeft, staan zij alle onder het oppertoezicht van den vlootvoogd
van het Fransche eskader op de Westkust van Afrika, welken
hoogen post Bouet van 1843—1845 en van 1848—1850 bekleedde.
Ook de uitgaven voor deze etablissementen staan op de Fran-

---

[1] Bouet Willaumez, *Description nautique des côtes de l'Afrique occi-
dentale comprises entre le Sénégal et l'équateur*, Paris 1845 en *Commerce et
traite des noirs aux côtes occidentales d'Afrique*, ald. 1848. Daar ik beide
werken thans niet ter mijner beschikking heb, kan ik tot mijn leedwezen niet
nazien, welke bijzondere redenen Bouet opgaf voor de keus der nieuwe vestigingen.

sche begrooting onder één hoofd, hoewel de twee eerstgenoemde en de Gabon zeer ver uit elkaar liggen en dus uit een aardrijkskundig oogpunt twee verschillende koloniën uitmaken, terwijl zelfs Assinie en Grand-Bassam, hoezeer aan elkander grenzende, weinig gemeen hebben. Daarom bespreek ik eerst de tegenwoordige uitgestrektheid en handelsbeweging van ieder afzonderlijk, om daarna aan te toonen, wat zij te zamen aan het moederland kosten.

De wegens de zeer gevaarlijke baar alleen voor kleine stoombootjes bevaarbare Rivier van Assinie is slechts de acht mijl lange monding der lagune van Ahi, waarin de rivier Bia of Krinjabo valt en die oostwaarts in verband staat met de lagune van Ehi of Apollonia, waarin zich de groote rivier Tando uitstort. Deze laatste rivier komt ver uit het binnenland van Asianti en stroomt daarna door het sedert het traktaat van 1867 aan Nederland behoorende rijk van Apollonia [1], hoewel er, indien ik wel onderricht ben, nog steeds de Engelsche vlag waait. De Fransche post te Assinie was eerst gevestigd op de smalle landtong tusschen de rivier en de kust, maar is later verplaatst naar de overzijde der rivier, waar die uit het groote meer Ahi komt. Ten westen van Assinie volgt de Rivier van Grand-Bassam, eveneens afgesloten, door een gevaarlijke baar, die echter in enkele maanden met veel voorzorg door zeilschepen kan overschreden worden. Deze rivier is vooreerst de mond der groote uit het binnenland komende, maar even als zoovele Afrikaansche stroomen door watervallen in zijn loop gestremde Akba en staat westelijk in verband met de lagunen van Potoe en Ebrié, welke laatste zich evenwijdig met de kust westwaarts tot de rivier van Lahoe voortzet. Zoodoende heeft men hier op de Tandkust

---

[1] Volgens de kaart in den *Atlas* van Stieler valt de Tando een weinig bewesten ons fort te Axim in zee en zou dus dezelfde stroom zijn als de uit de beschrijvingen der Nederlandsche Goudkust bekende rivier Ankobar; Dupuis, die tijdens zijn gezantschap naar Asianti zoo zorgvuldig onderzoek deed naar de geografie van de achterlanden der Goudkust, stelt reeds in de groote kaart bij zijn werk (*Journal of a residence in Ashantee*, London 1824) den Tando in verband met de Rivier van Assinie, een vermoeden, welks juistheid nu in de laatste jaren door de onderzoekingen der Franschen nader versterkt is.

5

tot Kaap Palmas, even als op de geheele Slavenkust tusschen
de Volta en de Rivier van Benijn op geringen afstand van de
zee eene reeks lagunen, die óf in elkander loopen óf slechts
door smalle strooken lands gescheiden zijn en die uit een
aardrijkskundig oogpunt het best te vergelijken zijn met de
haffen op de Pruisische kust der Oostzee. Deze lagunen geven
den handel een binnenlandschen waterweg, die geheel op de
eigenlijke Goudkust tusschen Apollonia en de Volta ontbreekt,
maar die ook, hoezeer hoogst bevorderlijk voor den handel, deze kust
veel ongezonder maakt dan de Goudkust. De Fransche post te
Grand-Bassam is aan den rechteroever der rivier nabij den ingang
tot de lagunen. Ook hier deden de Franschen herhaaldelijk de
kracht van hun zwaard voelen. Zoo tuchtigde Bouet in 1849
het volk van Aka, dat den toegang tot de goudrijke rivier
Akba belemmerde. In 1852 onderwierp men den stam der Jack-
Jacks, die de landtong tusschen de lagune van Ebrié en de
zee bewonen en in deze streek de voornaamste handelaars zijn.
Daar echter deze lagune zelf door de bewoners van den noordoever voor de Franschen gesloten bleef, vertrok in het volgende
jaar uit Goeree een expedicie van 768 man onder den kapitein
ter zee Baudin, die drie sterk door palissaden verdedigde neger-
dorpen veroverde, waarna Faidherbe te Daboe, ongeveer midden
tusschen Grand-Bassam en Lahoe, een fort oprichtte. In 1857
en 1858 deden Fransche zeeofficiers onderzoekingen in het
stroomgebied van den Lahoe en de zich westwaarts uitstrekkende
lagune. De streek is merkwaardig, omdat in het bovendeel
dezer rivier veel katoen verbouwd wordt, en van daar de ge-
streepte katoenen stoffen komen, waardoor dit deel der Tandkust in de eerste helft der zeventiende eeuw bij onze zeevaarders Vijf- en Zesbandkust heette [1].

Ook in deze Fransche kolonie leggen de inlanders zich weinig
op den landbouw toe. „L'agriculture" — zoo zeggen de *Notices* —
„est presque nulle à Grand-Bassam et à Assinie," terwijl de
Jack-Jacks zelfs hunne palmolie en leeftocht van de in het binnen-

[1] Dapper, *Afrika*, bl. 430—433.

land wonende negèrs koopen. Van meer belang is dit gebied
voor den handel, die van daar veel palmolie verkrijgt, vooral
uit de lagunen van Potoe en Ebrié, voorts eene kleine hoeveelheid ivoor en het beste stofgoud der kust [1]. Het bedrag
van hetgeen aan een en ander wordt uitgevoerd, is moeijelijk
te bepalen, daar in deze Fransche kolonie geen rechten geheven worden en de langs de kust varende schepen het meeste
van de Jack-Jacks opkoopen, zonder de forten aan te doen.
Opmerkelijk is het ook, dat de handel aldaar bijna uitsluitend
door Engelschen gedreven wordt. De luitenant ter zee Desnouy
rapporteerde dienaangaande in 1864, dat twee firma's uit Bristol,
de eene met 16, de andere met 13 schepen deze kust bevoeren,
die jaarlijks van de Jack-Jacks meer dan 5000 ton palmolie ter
waarde van vijf millioen francs inkochten. Hoewel de Fransche
handel alleen voorbij de forten in de lagunen wordt toegelaten,
was deze niet bij machte, tegen de Jack-Jacks te konkurreeren;
dit lag deels aan de mindere geschiktheid der Fransche agenten,
deels ook daaraan, dat die niet van de noodige fondsen en door
de negers het meest gezochte koopwaren voorzien waren. De
Fransche regeering zou volgens dezen intelligenten officier zeer
verkeerd handelen, indien zij gehoor gaf aan de klachten der
Fransche kooplieden en zich door hen liet bewegen, de Jacks-
Jacks uit te roeijen. Zoo doende zou men toch den handel
dezer streek vernietigen, den wereldhandel van eene belangrijke
hoeveelheid palmolie berooven, zonder daarmede de Fransche
belangen te baten [2].

De Fransche post aan den Gabon ligt aan de noordzijde van
dien zeearm nabij den mond. In 1862 hebben de Franschen door
verdragen met de negerhoofden deze kolonie uitgebreid zuidwaarts
over de Nazareth-Baai tot Kaap Lopez, noordwaarts tot de in

---

[1] Reeds Robertson bericht, dat een groot deel van het stofgoud, dat destijds van de Goudkust naar Europa ging, eigenlijk uit Lahoe en Grand-Bassam
kwam.

[2] Deze rapporten van Desnouy vindt men in de *Revue maritime et coloniale*,
Nov. 1866; latere over Oct. 1866 van den schout bij nacht Fleuriot de
Langle in die van Juli 1867.

de Corisco-Baai vallende rivier Moenda. In tegenoverstelling met hunne andere West-Afrikaansche bezittingen had deze uitbreiding op vreedzame en dus weinig kostbare wijze plaats Des te meer nut deden zij bier door de verdienstelijke opnamen hunner zeeofficieren in een gebied, dat hoezeer het reeds in de zestiende eeuw door Europeesche, ook Nederlandsche kooplieden bezocht werd, tot voor weinig jaren in aardrijkskundigen zin eene *terra incognita* was [1]. Zoo hebben de onderzoekingen van den luitenant ter zee Braouézec in 1858—1859 bewezen, dat de Gabon niet een groote rivier is, zooals men tot dusver meende, maar een ver in het land dringende zeearm, waarin slechts rivieren van minder belang uitloopen. Nog gewichtiger was de ontdekkingsreis van zijn wapenbroeder Serval; deze nam in 1862 met een Fransch stoombootje de groote rivier Ogowai op, die met verschillende armen benoorden en bezuiden Kaap Lopez in zee valt, waardoor het tevens bleek, dat de berichten van den Amerikaanschen reiziger du Chaillu (eigenlijk een kleurling uit de Senegal, die lang in de Gabon woonde en zich eerst later in de Vereenigde Staten deed naturalizeeren) meer geloof verdienen, dan sommige geleerden meenden. Serval werd op zijn merkwaardigen tocht verzeld door den dokter Griffon du Bellay, die zoowel van deze reis, als van de Fransche kolonie, waar hij van 1861—1864 vertoefde, eene met veel platen opgeluisterde beschrijving gaf, welke voor deze zoo weinig gekende streek zeer de aandacht verdient [2].

Uit dit belangrijk opstel neem ik de slotwoorden over, daar zij zoo duidelijk doen kennen, wat men van de Gabon als

---

[1] De heer de Jonge verhaalt zoo wel in zijn groote werk: *Opkomst van het Nederlandsch gezag in Oost-Indië*, D. I bl. 38, als nu in zijne laatste vlugschrift: *Oorsprong van Neerlands bezittingen op de Kust van Guinea*, bl. 8, dat de Nederlandsche schippers in 1596 de Rio de Gambia bezochten. Ieder, die de beschrijving van dien tocht bij Paludanus aandachtig naleest, zal zien, dat de Rio Gabam " z. o. t. o. van St. Thomas " nooit de meer dan dertien graad noordelijker gelegen Gambia kan zijn, maar niets anders is dan de Gabon, in welks nabijheid de ondernemende Moucheron weinige jaren later op de Corisco-Eilanden eene kolonie wilde vestigen. Men ziet hieruit, dat het naschrijven, zelfs van eigen arbeid, gevaarlijk is.

[2] *Tour du Monde*, 1865 T. II p. 273—320.

kolonie verwachten mag: „Je terminerai cette notice sur le
„Gabon par une question: Que faire d'un pays, qui n'a aucune
„production régulière? Son commerce d'ébène, de bois de tein-
„ture et d'ivoire n'a pas une grande importance; il ne peut en
„acquérir qu'en déterminant un épuisement plus rapide, puisqu'il
„détruit et ne répare pas. Essayer d'y introduire quelque cul-
„ture industrielle, le coton, par exemple, c'est céder, je le
„crains, à une généreuse illusion; le travail européen est im-
„possible sous un pareil climat et le travail indigène est nul.
„Peut-être cependant pourrait-on malgré ces mauvaises condi-
„tions tirer parti des ressources naturelles du pays, de ses
„belles plantes oléagineuses surtout. En encourageant la multi-
„plication de ces arbres précieux, on obtiendrait des indigènes
„le seul effort qui paraisse compatible à leur nature, celui de
„récolter chaque année sans avoir cultivé." Zoowel Griffon du
Bellay als de *Notices* noemen een aantal oliegevende planten van
de Gabon, waarover ik echter hier in geen nadere bijzonderheden treed, omdat geen dezer oliesoorten tot dusver in eenigzins belangrijke hoeveelheid in den groothandel kwam; de dokter
verklaart bovendien, dat de negers aldaar liefst geen aardnoten
verbouwen, omdat dit altijd eenigen arbeid kost en dat de oliepalm in dit gebied betrekkelijk weinig voorkomt. Toch is palmolie ook in de Gabon het voornaamste artikel van uitvoer, zoo
als blijkt uit de statistiek, die de *Notices* over 1862 geven. In
dat jaar werd toch uit de Gabon voor een gezamenlijke waarde
van 1,624,805 francs uitgevoerd, waaronder aan palmolie voor
607,971 fr., ivoor 420,965 fr., ebbenhout 224,991 fr., roodhout [1]
111,775 fr. en gom-elastiek 104,419 fr. In hetzelfde jaar werd de

---

[1] Daar sandelhout en *camwood* in deze statistiek nog afzonderlijk vermeld
worden, kan ik niet zeggen, welk verfhout onder roodhout bedoeld wordt.
Uit de reizen van onzen Pieter van den Broecke kan men zien, dat
hij in 1611 voor het eerst roodhout als proef uit Loango naar Amsterdam
bracht en dat op zijne volgende reis derwaarts het grootste deel zijner lading
uit dit artikel bestond. Daar het mij niet gebleken is, dat onze handel, die
thans weder met zoo veel succes het Kongo-Gebied exploiteert, roodhout op onze
markt brengt, vestig ik er hier de aandacht op, van hoeveel belang dit artikel
in vroeger dagen voor onzen handel op deze streek was.

Gabon bezocht door 38 schepen, waaronder 15 Fransche en 16 Engelsche. Ook hier hebben dus de Franschen minder handel op hun eigen bezitting dan vreemde vlaggen, wat te meer in het oog springt, als men bedenkt, dat hetgeen van staatswege voor de behoeften der kolonie uit Europa wordt aangebracht, wel uitsluitend door Fransche schepen zal vervoerd worden.

Zien wij nu, wat deze kleine Fransche koloniën, beide van zoo gering belang voor den handel van Frankrijk, aan het moederland kosten. Voor de Goudkust en de Gabon stond gezamenlijk op de staatsbegrooting uitgetrokken 629,940 fr. in 1862, 517,216 fr. in 1863 en 541,121 fr. in 1864, waaronder wel begrepen was het subsidie aan de lokale begrooting ten bedrage van 150,000 fr., maar wederom niet de marine-uitgaven, die volgens de afgesloten rekeningen in 1861 459,497 fr. beliepen. Gemiddeld kosten dus deze beide koloniën aan Frankrijk een millioen francs per jaar, van welke som zeker twee derden ten laste van de Goudkust zal komen, waar men drie posten te bezetten had tegen één aan de Gabon en dan ook de bezetting op 1 Mei 1863 uit 133 man bestond, terwijl die in de Gabon slechts 69 man telde. Dientengevolge betaalt Frankrijk voor zijne bezittingen op de Goudkust ruim twee maal de som, die Nederland op de zijne toelegt.

Tegenover dit deficit eener kolonie, waaruit de Fransche handel bijna niets trekt, kan het waarlijk niet bevreemden, dat Frankrijk, zooals ik wel eens heb hooren beweren, herhaaldelijk gepoogd heeft, deze bezitting aan ons land over te doen en dat het in zijne tegenwoordige benarde omstandigheden hier het eerst zijne bezettingen heeft ingetrokken. Ten aanzien van dit laatste punt moet ik echter opmerken, dat de Franschen volgens de door de *Staatscourant* medegedeelde berichten uit onze Goudkust wel hun post te Assinie verlaten hebben, maar daaruit blijkt niet, dat zij ook het in ieder opzicht belangrijker Grand-Bassam verlieten en dus geheel hun koloniaal bezit in dit deel der Kust van Guinee hebben opgebroken. Wanneer evenwel de thans aanhangige traktaten worden aangenomen en Engeland de Nederlandsche Goudkust verkrijgt, zal het bij hervatting der onderhandelingen met Frankrijk over afstand der Gambia van deze laatste mogendheid de suzereiniteit over Assinie moeten bedingen. Grand-Bassam aan den mond eener andere rivier, die tot geheel verschillende negervolken voert, kan zonder bezwaar aan eene andere mogendheid behooren dan Assinie. De toekomstige Europeesche beheerscher der Goudkust, die daardoor zich in een algemeen kosmopolitisch belang belast met de zoo moeijelijke en tevens zoo weinig succes belovende taak, om in dit achterlijk gebied ontwikkeling en beschaving te brengen, moet ook gezag kunnen uitoefenen over Assinie, waar de groote uit Asianti komende rivier in zee valt, en waar de Asiantijnen nu reeds hunne meeste behoeften uit Europa inkoopen. Alleen toch door dit rijk alle toegangen tot de zee te versperren, kan men zonder te veel opofferingen dien roofstaat in bedwang houden en allengs tot het verlaten zijner barbaarsche, zoo veel menschenlevens kostende kostumen brengen.

Zagen wij uit het bovenstaande, dat de Franschen ook in deze hunne kleine West-Afrikaansche koloniën weinig voordeel trokken van hunne uitbreidingspolitiek, ten aanzien dezer bezittingen mag men zelfs de vraag stellen, of het voor den wereldhandel eigenlijk niet beter geweest ware, dat Frankrijk dertig jaar geleden niet deze nieuwe koloniën gevestigd had. Toen toch onlangs de agent der Afrikaansche Handelsvereeniging uit den Kongo een tocht deed naar den Gabon, om te onderzoeken, of op deze zoo lang door onzen Nederlandschen handel verwaarloosde rivier geen voordeelen te behalen waren, bevond hij dat deze streek wel veel produkten opleverde, maar tevens, dat de aan de rivier wonende negers, om alle aanraking met het aan den mond gevestigde Fransche bestuur te ontwijken, hunne waren ver over land voerden, om die buiten de grenzen der kolonie aan de Europeanen te verkoopen. Wat moet men hieruit opmaken? Voor zoo ver mij bekend is, heffen de Franschen in de Gabon geen rechten van in- of uitvoer. Ook kan men niet zeggen, dat het koloniaal gezag der Franschen in het algemeen de inlanders slecht behandelt of dat dit aan verkeerde handen is toevertrouwd. Behalve Algerië staan toch al de

Fransche koloniën onder het departement van marine en zijn daar de goeverneurs en andere gezagvoerders meestal zeeofficiers. Welke treurige teekenen van zedelijk verval men hoe langer hoe meer bij het meerendeel der Fransche nacie bespeurt, de marine maakt in dit opzicht een gunstige uitzondering. Ook overtreffen de Fransche zeeofficiers, die door hun beroep telkens vreemde volken en landen leeren kennen, daardoor alleen reeds hunne overige landgenooten, gewoonlijk zoo onbegrijpelijk onkundig omtrent al wat buiten Frankrijk gebeurt. Hoewel er nu onder zulk een groot personeel als de Fransche marine veel individus van minder beteekenis zijn zullen, blijkt het toch uit het vele, dat Fransche zeeofficiers over koloniale aangelegenheden publiceeren, dat dit korps werkelijk veel mannen van kunde en verdiensten telt. Maar juist als deze gezagvoerders hunne taak ernstig opvatten, dan toch zijn en blijven zij Franschen en willen even als in hun eigen land alles reglementeeren. Dit nu stuit den vrijheidlievenden, aan geen orde of tucht gewenden neger boven alles tegen de borst. In dit opzicht is de koloniale politiek der Franschen in West-Afrika de volmaakte tegenhanger van die der Engelschen; waar de eersten hunne bemoeijing met den inlander veel te ver uitstrekken, doen de laatsten dit dikwijls veel te weinig.

In handelskoloniën, zoo als al de West-Afrikaansche bezittingen zijn en nog gedurende langen tijd blijven zullen, ontstaat er echter nog een ander bezwaar, dat de Europeesche koopman bij elk geschil met den inlander omtrent schulden en andere handelskwestiën te veel steunt op het koloniaal gezag zijner eigen nacie of zelfs het bestuur tot verkeerde stappen tegenover de inboorlingen zoekt te verleiden. Dit laatste bleek, uit hetgeen ik vroeger mededeelde over de verhouding der Fransche regeering tot de Jack-Jacks bij Grand-Bassam, terwijl de kommissie van het Engelsch parlement in haar merkwaardig verslag over het rapport van kolonel Ord [1] onder § 44 de volgende

---

[1] Vertaald achter Ords rapport in de *Revue maritime et coloniale* van Dec. 1865.

behartigenswaardige opmerking maakte : „Wanneer men alleen let
„op de belangen van den handel, dan zijn de kooplieden over-
„tuigd, dat het beter is, dat hunne agenten in de noodzake-
„lijkheid zijn, om met de negerhoofden op goeden voet te blijven,
„dan dat zij, meer dan noodig is, bij alle geschillen gesteund
„worden door het Engelsch gezag of zelfs door konzuls." Waar
men te doen heeft met zulke inlandsche machthebbers als de
Mooren aan den noordoever van den Senegal, de Mohamme-
daansche rijken in de bovenlanden van Senegambië of roofstaten
zooals Asianti en Dahomee op de Goud- en Slavenkust, daar
zal waarschijnlijk de krachtige tusschenkomst van eenig Europeesch gezag op den duur niet kunnen ontbeerd worden. In
zooveel andere streken van West-Afrika, waar men een aantal
verschillende negerstaatjes aantreft, ieder ongeveer even groot
en dikwijls minder bevolkt dan eene uitgestrekte plattelandsge-
meente onzer oostelijke provinciën, zal de partikuliere handel
het meest bloeijen, als die in den regel op eigen kracht moet
steunen.

VI.

DE NEDERLANDSCHE HANDEL OP DE WESTKUST VAN AFRIKA.

In de beide vorige hoofdstukken zagen wij: welk een belang
de handel op West-Afrika in deze eeuw verkregen heeft, eene
ontwikkeling, die voor zoover ik de toekomst juist inzie, nog
lang niet haar hoogste standpunt bereikt heeft. Verder bleek
het ons, om nog te zwijgen van landen, die zoo als Duitschland
en de Vereenigde Staten in het geheel geene koloniën bezitten,
dat de handel van Frankrijk en Engeland, de twee groote
rijken van Europa, die in West-Afrika de meeste koloniën
bekostigen, uit eigen koloniaal bezit veel minder voordeel trekt,
dan uit het vrije negerland, terwijl uitbreiding van dit koloniaal
bezit en vooral meerdere gezagoefening over de negers, tot

dusver alleen door Frankrijk op groote schaal toegepast, vooralsnog weinig of niet tot vermeerdering van den handel heeft
bijgedragen. Tevens werd het ons duidelijk, dat West-Afrika
in het algemeen een voordeelig terrein voor den groothandel
is, maar dat de Goudkust zoowel door natuurlijke niet op te
heffen bezwaren, als door haar treurig historisch verleden tot
de meest achterlijke deelen van dit groot geheel behoort. Daar
nu Nederland alleen op deze voor den handel zoo weinig opleverende kust eene kleine kolonie bezit, door negerstammen onder
Engelschen invloed geheel van het verder binnenlands gelegen
Asianti gescheiden, kan het waarlijk niet bevreemden, dat de
in de laatste jaren zoozeer toegenomen handel en scheepvaart
van Nederland op West-Afrika naar verhouding nog veel minder
uit de eigen kolonie trekt dan Frankrijk of Engeland uit hunne
West-Afrikaansche bezittingen. De deelen van West-Afrika,
waarmede wij thans geregelde handelsbetrekkingen onderhouden
zijn: de negerrepubliek Liberia, de Goudkust en de naburige
streken der Kust van Guinee, de olierivieren der Bocht van
Guinee en het Kongo-Gebied, dat sedert nauwelijks vijftien
jaar met zoo goede uitkomst door de Afrikaansche Handelsvereeniging te Rotterdam wordt geëxploiteerd. Is de Nederlandsche
handel op deze laatste streek en die op Liberia steeds toenemende, daarentegen is die op de Kust en de Rivieren aanzienlijk verminderd. Daar vele Nederlanders weinig weten van den
handel, dien onze kooplieden tegenwoordig op West-Afrika,
vooral op het vrije negerland, drijven, zal het niet overbodig
zijn, aangaande onze betrekkingen met ieder der vier bovengenoemde deelen van Afrika's Westkust eenige bijzonderheden
mede te deelen. Daaruit blijkt genoegzaam het belang van den
handel op ieder dier gewesten, ook al ben ik niet in staat,
hetgeen uit ieder afzonderlijk hier te lande wordt ingevoerd,
onder bepaalde cijfers te brengen. Wegens de redenen, door
mij reeds vermeld aan den aanvang van het vierde hoofdstuk,
kan ik zelfs niet juist opgeven, wat in Nederland wordt aan-
gevoerd uit zijn eigen Afrikaansche bezitting.

Gesteld, dat wij mochten aannemen, dat alles, wat onze officieele handelstatistiek opgeeft, als invoer uit de Kust van Guinee, alleen uit onze kolonie verkregen was, dan nog is dit cijfer : *f* 551,197 in 1868 en *f* 150,962 in 1869, bijzonder gering in vergelijking met de in die jaren uit de Westkust van Afrika aangebrachte *f* 1,600,534 en *f* 1,848,841. Nu is onder den laatsten invoer zeker niets uit onze kolonie begrepen en dit bedrag grootendeels uit het Kongo-Gebied en Liberia gekomen; daarentegen omvatten de eerste cijfers stellig ook produkten, niet uit de Nederlandsche Goudkust, maar uit nabijgelegen kustplaatsen afkomstig. Het stofgoud, dat onze handelaars op de Kust inkoopen, wordt door hen rechtstreeks per mail naar de Londensche markt verzonden en blijft dus, hoezeer zij daarbij voordeel behalen, buiten de handelsbeweging tusschen Nederland en zijne kolonie. Hetgeen hier te lande van de Kust van Guinee wordt ingevoerd, is hoofdzakelijk palmolie, palmpitten (de ongetarifieerde posten onzer statistiek) en wat ivoor. Juist omdat de oliepalm, zoowel om natuurlijke redenen als door de traagheid der inboorlingen, zooveel minder op de Goudkust voorkomt als in andere deelen van Guinee, kunnen de daar handeldrijvende schepen slechts een volle lading bekomen, door een aantal kustplaatsen aan te doen. Zoo verhaalt ons de luitenant ter zee Koopman, die als bevelhebber van de *Cornelis Dirks* in 1860 niet alleen onze forten op de Goudkust, maar ook de partikuliere Nederlandsche faktorieën in de Bocht en het Kongo-Gebied bezocht, in zijn belangrijk rapport [1] van een schip van het Rotterdamsche huis H. van Rijckevorsel, dat vier maanden op de Benedenkust had rondgezwalkt, in dien tijd veertien verschillende plaatsen had bezocht en toch slechts 7000 gallons palmolie, een achtste zijner lading, verkregen had. Onder die plaatsen waren nu Kormantijn, Apam en Akkra, die toen nog aan Nederland behoorden en eerst in 1867 aan Engeland zijn afgestaan, maar ook Annamaboe en Whynnebah, die destijds reeds Engelsch waren, ook andere, zoo als Popo op de Slavenkust, die toen

[1] J. F. Koopman, *Verslag eener reize naar de Westkust van Afrika, Rio de Janeiro en Rio de la Plata. 1859—1860* in *Verhandelingen en berigten betrekkelijk het zeewezen*, 1863, bl. 203.

even als nu onder geen Europeesch gezag stonden. Bij zulk een handel kan men begrijpen, dat dezelfde zeeofficier spreekt van Hollandsche schepen, die twee jaren achtereen aan de Kust moesten vertoeven, voordat zij een volle lading hadden, maar men begrijpt ook tevens, dat deze schepen, op de tehuisreis van Elmina of Axim uitklarende, bij terugkomst in het vaderland, niet in bijzonderheden opgeven, waar zij precies hunne palmolie hebben ingekocht. Van daar dat, hetgeen in onze handelstatistiek als invoer van de Kust van Guinee voorkomt, niet uitsluitend betrekking heeft op de Nederlandsche Goudkust, maar ook op de naburige vreemde koloniën en onafhankelijke negerstaten. Zelfs schepen, die in Lagos of in de Rivieren der Bocht van Guinee het grootste deel hunner lading verkrijgen doen gewoonlijk op de terugreis nog onze forten aan. Alleen die schepen, welke in Liberia reeds eene volle lading kunnen bekomen, zakken niet tot onze Goudkust af, terwijl die, welke den Kongo bevaren, de Kust zijdelings laten liggen.

Gaan wij eenige jaren terug, dan zien wij, dat de Nederlandsche handel op de Goudkust en omstreken, aanzienlijk is verminderd. In 1862 toch werd hier te lande van de Kust van Guinee ingevoerd eene waarde van ƒ 932,082, in 1863 ƒ 825,235, daarentegen uit de Westkust van Afrika slechts ƒ 303,196 in het eerstgenoemde, ƒ 451,062 in het tweede jaar. Dat deze laatste invoer in 1869 ongeveer veertien ton meer bedroeg, ligt vooral daaraan, dat de Afrikaansche Handelsvereeniging in die zes jaar hare handelsoperaciën aan den Kongo zoo zeer uitbreidde, ook dat andere Nederlandsche schepen thans hunne geheele lading in Liberia bekomen; de vermindering der handelsbeweging op de Goudkust is daarentegen grootendeels een gevolg van het traktaat van 1867. Niet, zoo als sommigen, met handelsaangelegenheden minder vertrouwd, zich verbeelden, omdat eenige plaatsen, die vroeger aan Nederland behoorden, bij dit verdrag aan Engeland zijn afgestaan. Even als toch Nederlandsche schepen reeds vóór 1867 op de En-

gelsche plaatsen handel dreven, konden zij ook na dit verdrag van hunne bestaande handelsrelaciën met de voormalige Nederlandsche plaatsen gebruik blijven maken, zoo als
zij dit ook bij geheelen afstand der Nederlandsche Goudkust
zullen kunnen doen. Nadeelig voor den handel waren echter
de invoerrechten, die men volgens deze overeenkomst zoo op
de Nederlandsche als Engelsche Goudkust hief. Het lag hier
wederom niet in de wijze dier heffing, waartegen de voornaamste
bij dezen handel geinteresseerde firma Hendrik Muller en C⁰,
de opvolgster van het Rotterdamsche huis H. van Rijckevorsel,
zoo hevige bezwaren opperde, die bij de beraadslaging over dit
verdrag zoo in de tweede als eerste kamer grooten weerklank
vonden Voor zoover mij toch bekend is, werd er later weinig
geklaagd over de heffing naar de faktuurwaarde en het recht van
benadering der Europeesche beambten. Het hoofdbezwaar van de
bedoelde firma, al werd dit niet uitdrukkelijk gezegd, bestond
hoofdzakelijk hierin, dat er invoerrechten zouden geheven worden.

Een handel, die op stevigen grondslag berust, zal door het
heffen van lage rechten van in- of uitvoer niet gedrukt worden,
maar de Europeesche handel op de Goudkust verkeerde steeds
meer of min in een ongezonden toestand. Zoo als wij zagen,
levert dit gebied betrekkelijk weinig produkten voor den uitvoer
en kan een schip daar alleen, door tallooze plaatsen aan te
doen, een volle retoervracht bekomen. De handelaar vindt hier
dus zijne verdiensten vooral op de waren, die hij op de Kust
invoert. Ongelukkig bestaat die invoer voor een aanmerkelijk
groot deel uit ammunicie, buskruit en gedisteleerd, waren, die
wel verre van de negers te beschaven en te veredelen, slechts
tot hunne voortdurende verdierlijking kunnen bijdragen. Een
groote invoer van wapenen en kruit moet de herhaalde oorlogen
tusschen de verschillende negerstammen onderling aanwakkeren,
belemmert de produkcie en den afvoer der door den Europee-
schen handel gezochte artikelen van uitvoer en werkt dus per
slot van rekening zeer nadeelig voor den handel in het algemeen. Hoe meer bovendien de neger aan den sterken drank
verslaafd raakt, des te minder zal hij zijne aangeboren traagheid

overwinnen en de voor den handel zoo wenschelijke landbouw-
produkten in eenigzins voldoende hoeveelheid verbouwen. Bevoegde ooggetuigen schilderen ons in vreeselijke kleuren de
zedelijke verwoesting, die de sterke drank, meest nog de zeer
vervalschte en daardoor te verderfelijker *trade-rum*, of *eau de vie
de traite*, onder het negerras aanricht [1]. In het algemeen brengt
de groothandel in geheel West-Afrika eene veel te groote hoeveelheid dezer voor de ontwikkeling van dit gebied zoo schadelijke waren. Toch bestaat er ook hierin onderscheid tusschen de
verschillende deelen, een onderscheid, dat vooral in het oog
springt, wanneer wij uit onze Nederlandsche handelstatistiek
nagaan, wat van deze waren uit ons land naar de Kust van
Guinee en naar de vrije Westkust van Afrika is uitgevoerd.
Wanneer wij de opgaven over de vijf laatste jaren bijeentellen,
dan zien wij, dat in 1865—1869 naar de Kust van Guinee in
het geheel is uitgevoerd eene waarde van f 2,352,849, waaronder
voor f 976,785, dus 41¼ pct. aan ammunicie, buskruit en gedisteleerd; naar de Westkust van Afrika daarentegen in het
geheel f 5,671,248, waaronder slechts voor f 710,942, dus 12¼ pct.
aan de drie bovengenoemde posten. Voor den Nederlandschen
handel op de Goudkust en omstreken, die naar verhouding
zijner andere invoeren, zooveel dezer schadelijke waren daar te
lande brengt, moest het heffen van invoerrechten, waarvan dat
op gedisteleerd a acht cents per liter, ongeveer 40 pct. der
inkoopswaarde, hoog te noemen is, nadeelig werken, te meer
daar de Asiantijnen met vermijding der Nederlandsche en
Engelsche Goudkust zich op de naburige Fransche Goudkust,
waar geen rechten geheven worden, van hunne benoodigdheden
uit Europa konden voorzien In weerwil van het bovenstaande
kan men het uit een staatkundig oogpunt niet afkeuren, dat
het traktaat van 1867 het heffen dezer invoerrechten voorschreef.
Wanneer Europeesche mogendheden in eenig overzeesch gewest

---

[1] Vergelijk het belangrijk rapport van den Franschen konzul Pichard over
de Gambia (*Revue marit. et colon.* Juni 1865) en hetgeen Andree, *Geogr.
des Welth*, II s. 67 uit Burton's *Abbeokuta* citeert.

koloniën bezitten, mogen zij te recht trachten, dat deze gewesten zelve zooveel mogelijk de kosten van het koloniaal beheer dekken en zoolang zulk een land minder ontwikkeld is, zal men er weinig andere belastingen dan rechten van in- of uitvoer kunnen innen. Ook moet de handel, ten wiens behoeve, zoo als het gewoonlijk heet, zulk eene kolonie gehandhaafd wordt, in de eerste plaats tot de kosten van dit koloniaal bezit bijdragen. Onze Nederlandsche handel heeft zich dan ook niet tegen het beginsel van het heffen dezer invoerrechten durven verzetten, al voorzag die daarvan maar al te goed de nadeelige gevolgen.

In een ander opzicht was evenwel het traktaat van 1867 een politieke fout. Al begreep men te recht, dat de vroegere toestand, waarbij de Engelsche en Nederlandsche bezittingen op de Goudkust als een knibbelspel door elkaar lagen, voorziening vereischte en kwam men daardoor geleidelijk op de gedachte, van ieder hoofdfort uitgaande, aan Engeland het oosten, aan Nederland het westen der Goudkust toe te deelen, toch hadden de wederzijdsche staatslieden, ongelukkig in beide landen maar al te weinig met de zaken der Kust bekend, moeten voorzien, dat na de verschillende houding, die het Engelsche en Hollandsche bestuur in de Asiantijnsche oorlogen dezer eeuw hadden aangenomen, de negerstaatjes onder Engelsch protektoraat ongaarne het Nederlandsch gezag zouden erkennen. Wel verre dan ook, dat de hoop verwezenlijkt is, die Graaf van Zuylen bij de beraadslaging over dit verdrag uitsprak, dat door deze schikking een einde zou komen aan de gedurige verwikkelingen op de Goudkust, was het traktaat de vruchtbare bron van oorlog en spanning. Kommenda is eerst na de kostbare, door onze kloeke zeemacht met zooveel moed en beleid ten einde gebrachte expedicie van 1869 onderworpen; ook in Dixcove ging de overdracht met bezwaren gepaard; in Apollonia waait, zoo als men mij verzekert heeft, nog steeds de Engelsche vlag. Dit betreft nu alleen nog maar het smalle kustgebied der Nederlandsche Goudkust. Hoeveel tijd, geld en bloed zou het nog vereischen, indien wij op die wijze ons gezag moesten opdringen aan de verschillende binnenlandsche rijken: Awien, Sawie, Wassa,

Dinkira, Tjuffel en Abremoe, die onze kuststrook van den voor onzen goeden naam ter Kuste zoo weinig eervollen bondgenoot Asianti scheiden en alle sterk aan het Engelsche protektoraat en het Fantijnsche bondgenootschap gehecht zijn? Zoowel de daarvoor noodige expedicies, als de waarlijk voor ons nacionaal eergevoel weinig streelende handhaving van ons koloniaal bezit aan de Goudkust op den tegenwoordigen voet, zal bovendien, ook bij de meest vriendschappelijke verhouding tusschen de Engelsche en Nederlandsche regeeringen in Europa, de oude spanning tusschen beider koloniaal bestuur ter Kust doen voortleven. Het springt in het oog, welk een nadeel de handel op de Goudkust moet ondervinden van zulk een voortdurenden staat van vijandschap tusschen de negerstammen onderling, die, al wordt er niet gevochten, toch het afkomen der produkten uit het binnenland belemmert en den afzet der uit Europa aangevoerde koopwaren vermindert. Van daar dat de uitvoer in 1869 zoo bijzonder gering was en er in dat jaar zoo buitengewoon veel buskruit op de Goudkust is ingevoerd, hetgeen zeker grootendeels gebruikt is ter bestrijding onzer dappere zeelieden.

Bij deze voor den handel zoo schadelijke gevolgen van het traktaat van 1867 is het zeer begrijpelijk, dat het bovengenoemde Rotterdamsche handelshuis, dat vóór 1859, toen de Nederlandsche beambten op de Goudkust tevens zijne handelsagenten waren, daar als ware het het handelsmonopolie bezat, thans zich hoe langer hoe meer van deze kust terugtrekt en nu zijne voornaamste zaken doet in Liberia, die merkwaardige negerrepubliek, in 1822 door Noord-Amerikaansche menschenvrienden op het voorbeeld van Sierra-Leone gesticht als een proefkolonie tot ontwikkeling van het negerras, sedert 1847 een onafhankelijke staat, die als zoodanig achtereenvolgens door verschillende Europeesche mogendheden en door de Vereenigde Staten van Amerika is erkend en die, al heeft deze stichting tot dusver niet beantwoord aan de overdreven verwachtingen, welke sommigen er van koesterden, eene schoone toekomst tegemoet gaat [1].

---

[1] Over de geschiedenis van Liberia zie men het belangrijk opstel van C. Ritter in het *Zeitschrift für allgemeine Erdkunde*, B. I (1853) s. 1—49 met kaart,

Wanneer Nederlandsche handelshuizen het eerst betrekkingen met Liberia aanknoopten, kan ik niet zeker bepalen, maar meen te mogen vooronderstellen, dat dit voor twintig a vijftien jaar zal hebben plaats gehad. Onze schepen, die op de Goudkust handel dreven, voeren steeds langs de kust van Liberia en moesten, daar zij gewoon waren op verschillende zeeplaatsen te laden, van zelf trachten, ook in die der jeugdige negerrepubliek zaken te doen, te meer, daar zij zich gewoonlijk in de op deze kuststreek gelegen dorpen der Kroe-negers van die door de Guineesche scheepvaart zoo gezochte matrozen voorzagen. Wegens dit herhaald bezoek onzer schepen gaf de regeering van Liberia reeds in December 1859 den wensch te kennen, een handelstraktaat ook met Nederland te sluiten. Deze onderhandelingen leidden niet terstond tot het gewenschte rezultaat, maar werden hervat, toen de tweede prezident der republiek Stephen Allen Benson in den zomer van 1862 verschillende Europeesche hoven bezocht, waarop dit handelsverdrag den 20sten December 1862 te Londen geteekend en in het voorjaar van 1864 door onze wetgevende macht bekrachtigd is. Wanneer onze regeering bij die gelegenheid aan de Staten-Generaal verklaarde, dat zij omtrent het handelsverkeer tusschen Nederland en Liberia geen bepaalde cijfers kon mededeelen: „daar hetgeen van daar wordt „aangebracht of derwaarts van hier wordt uitgevoerd, door den „handel wordt aangegeven, als in het algemeen van de Kust

welke vermaarde geograaf echter over den ekonomischen toestand der republiek te gunstig oordeelt en voor den uitvoer niet zeer betrouwbare cijfers geeft. Vergelijk ook eene latere mededeeling van den beroemden reiziger D r. H. B a r t h in hetzelfde tijdschrift, *Neue Folge*, B. XIII (1863). Voor de sociale toestanden in het eigenlijke Liberia (hoofdstad Monrovia), eene stichting der noordelijke Vereenigde Staten, en die in het bij Kaap Palmas gelegen Maryland (hoofdstad Capetown), door slavenhouders uit de zuidelijke staten in 1834 gesticht en in 1857 met Liberia vereenigd, is zeer belangrijk: *Adventures and observations on the West Coast of Africa*, New York 1860, *by Rev.* C h a s. W. T h o m a s, die als predikant van 1855—1857 op het Amerikaansch eskader ter Westkust van Afrika voldoende gelegenheid had, de verschillende deelen van dit uitgestrekt gebied te leeren kennen. Opgaven over den uitvoer van Liberia in het algemeen, waarop men staat kan maken, bezit ik niet; de *Almanach de Gotha* begroot dien op 400,000 dollars, een cijfer, dat echter reeds van 1866 dagteekent.

6

„van Guinee afkomstig of daarheen bestemd," kan ik zulks thans
om dezelfde reden evenmin. Ik geloof zelfs, dat onze regeering
terzelfder plaatse [1] den toestand van Liberia met te schoone
verven afschilderde in de volgende zinsnede: „Katoen, suiker,
„koffie, peper, indigo, grondnoten, *arrowroot*, palmolie, ivoor
„en verfhout zijn reeds uitvoerartikelen van beteekenis of
„beloven zulks eerlang te worden." Volgens mijn beste weten
wordt toch van Liberia alleen uitgevoerd: veel palmolie en palmpitten, wat ivoor en verfhout en misschien ook een kleine hoeveelheid koffie. De Guineesche peper, het in de middeneeuwen,
ja nog in de zestiende en het begin der zeventiende eeuw zoo
gezochte maniget of grein [2], waarnaar het tegenwoordige Liberia
vroeger 'Grein- of Peperkust heette, heeft reeds lang alle handelswaarde verloren, sedert de echte zwarte peper in Oost-Indië
te kust en te keur te verkrijgen is, en alvorens Liberia katoen
en vooral suiker en indigo in eene voor den handel eenigzins
beteekenende hoeveelheid uitvoert, moet de moriaan nog duchtig
in de leerschool der beschaving geschuurd worden. De palmolie
en palmpitten van Liberia zijn echter van een uitmuntende
hoedanigheid en overtreffen even als die uit de Bocht van Guinee
en den Kongo door hun meerder oliegehalte zeer die van de
Goudkust, Sierra Leone en Angola. Daarom wordt dan ook de
Liberia-olie in onze marktberichten afzonderlijk genoemd, waaruit men vooral kan opmaken, dat de Nederland-che handel op
Liberia in de laatste jaren zeer is toegenomen. Daar nu volgens
onze handelstatistiek de invoer uit de Westkust van Afrika in
1869 omstreeks achttien en een halve ton bedroeg en mij van
elders bekend is, dat de Afrikaansche Handelsvereeniging in dat
jaar voor elf en een halve ton uit het Kongo-Gebied heeft aan-

---

[1] Zie de tweede memorie van toelichting in de *Bijlagen van de Handelingen
der Staten Generaal* 1863—1864. De eerste memorie, in het vorige zittingjaar
ingediend, verhaalt de aanleiding tot de sluiting van het verdrag.

[2] De heer de Jonge schijnt in zijn vlugschrift (vg. bl. 10 reg. 2 van
onderen met bl. 32 reg. 18) deze kruiderij voor een *grondstof* te houden, wat,
peper, dunkt mij, alleen is voor een bakker van peperkoek, niet voor een geleerd lid onzer Akademie van Wetenschappen.

gebracht, meen ik te mogen vooronderstellen, dat de overige zeven ton grootendeels uit Liberia afkomstig zijn, ook omdat de Nederlandsche handel op de Rivieren der Bocht van Guinee, tegenwoordig zoo belangrijk niet meer als in vroegere jaren, hoogst waarschijnlijk in onze statistiek onder het hoofd Kust van Guinee begrepen is.

Het is ruim dertig jaar geleden, dat de Nederlandsche partikuliere handel zich in betrekking stelde met de R i v i e r e n d e r B o c h t v a n G u i n e e, het voornaamste terrein, waar de Engelschen, zoo als wij boven reeds zagen, hun zaken in palmolie drijven. Het Amsterdamsche huis Boelen en Co waagde zich het eerst op dien nieuwen weg, een verdienstelijke daad, te meer in dagen, toen Nederland, gedrukt onder de treurige gevolgen van het volhardingstelsel tegenover België, in den regel voor zaken van handel en nijverheid maar al te weinig energie bezat. In 1837 zond deze firma de schoenerbrik *Elmina* uit tot een proeftocht naar de olierivieren onder den koopvaardijkapitein J. Baak Edz., die sedert meer dan twintig jaar als superkarga of handelsagent in deze voor Europeanen zoo doodelijke streek werkzaam was. Op deze reis werden handelsrelaciën aangeknoopt op de rivieren Bonny, Old-Calabar en Camaroen. Daar dit deel van West-Afrika, zoo ik mij niet bedrieg, hier te lande weinig bekend is, zal het noodig zijn, daarover en over den handel aldaar eenige bijzonderheden mede te deelen, om te doen zien, aan welke bezwaren de firma Boelen het hoofd moest bieden.

De Bonny is, evenals de ten westen ongeveer terzelfde plaatse in zee vallende New-Calabar, naar alle waarschijnlijkheid een der monden van den Niger en dan de oostelijkste arm van de uitgestrekte delta, door dien hoofdstroom van Centraal-Afrika gevormd. Oostwaarts van de Bonny monden de daarmede door achter het strand loopende kreken in verband staande, nog steeds niet door den handel bezochte rivieren Andony en San Pedro; dan volgt de breede monding van den Old-Calabar. De rivier van dien naam, waaraan de voornaamste handelsplaatsen, Duke-

town en een weinig westelijk aan een smalle kreek Creektown,
liggen, komt niet ver uit het binnenland; daarentegen heeft de
ten westen in denzelfden mond vallende Cross-River een uitge-
strekten kronkelenden loop, die in 1842 door den Engelschen
koopvaardijkapitein en handelaar John Beecroft met zijn eigen
stoomboot Ethiope tot aan de Ethiope-Watervallen is opgenomen
en onderzocht. Nog verder ten oosten juist in den hoek der
Bocht van Guinee, onmiddelijk langs den voet van den meer
dan 13,000 voet hoogen, in 1861 en 1862 door den botanicus
Mann en den door zijne vroegere reizen naar Mekka en de
Oost-Afrikaansche meeren zoo vermaarden Burton beklommen
vulkaan Camaroen, ligt de delta van de groote rivier Djamoer,
wiens loop in het binnenland nog weinig bekend is. De weste-
lijkste arm van deze delta is de Bimbia, de oostelijkste de
Camaroen, waar in King Bells Town en King Acqua's Town
de meeste handel gedreven wordt. [1]

Deze Rivieren der Bocht van Guinee, zoo belangrijk voor
den groothandel door de enorme hoeveelheid palmolie, die van
daar wordt uitgevoerd, zijn ongelukkig een der ongezondste
deelen van het in dit opzicht reeds niet gunstig bekende West-
Afrika. Terwijl de zeewind aan het strand den nadeeligen invloed
van het klimaat eenigzins tempert, missen de koopvaardijschepen,
die de palmolierivieren binnenloopen en daar geruimen tijd voor
hun handel moeten blijven liggen, deze verfrissching en zijn
geheel omsloten door den weelderigen plantengroei, die al deze

---

[1] Een uitmuntende kaart van de Palmoliekust, die in het binnenland tevens
de rezultaten der beide Niger-expedicies met de *Pleyad* en *Dayspring* onder
Baikie in 1854 en 1857 omvat, door B. Hassenstein vindt men in Peter-
mauns *Mittheilungen* 1863. Uitvoerige berichten over het klimaat, de bewoners
dezer olierivieren en den daar gedreven handel bevat het vroeger aangehaalde
werk van Hutchinson, die eerst als dokter op verschillende palmolieschepen
dezen handel leerde kennen, later in diezelfde hoedanigheid op de *Pleyad* door
zijne preventieve behandeling met kinine-oplossing bewerkte, dat de Afrikaansche
koorts geen verwoestingen onder de bemanning aanrichtte. Burtons beide
werken over West-Afrika: *Abbeokuta and the Camaroons Mountains*, Lond. 1863
en *A mission to the king of Dahome*, Lond. 1864 ken ik tot mijn leedwezen
alleen uit korte verslagen en uittreksels in aardrijkskundige tijdschriften.

stroomen omzoomt, voortdurend blootgesteld aan al de schadelijke uitdampingen van den hen omgevenden, meest onderwater
staanden, alluvialen bodem. Uit de eerste tochten met stoombooten op den Niger, waarbij op de eerste in 1832—1834 onder
Laird en Oldfield van 49 Europeanen slechts negen personen in
het leven bleven en de tweede onder Allen en Trotter in 1841
het derde der Europeesche bemanning verloor, is gebleken, dat
de rivieren van Centraal-Afrika tot zeer ver van zee allerver-
derfelijkst zijn, niet alleen voor Europeanen, maar zelfs voor
de ter plaatse vreemde negers, zoodat die ongezondheid niet
uitsluitend te wijten is aan den lagen bodem nabij de rivier-
mondingen. De latere Niger-expedicies, vooral die van de
Pleyad in 1854, heeft geleerd, dat men door het nemen van
allerlei voorzorgen op zulke tochten het nadeel voor de ge-
zondheid grootendeels kan wegnemen, vooral daar men dan
slechts zelden lang op dezelfde plaats vertoeft en bij zulke
miasmatische invloeden verandering van plaats, zelfs verplaat-
sing naar een op zich zelf ongezonder oord, steeds een der
uitstekendste geneesmiddelen is. De palmolieschepen, die een
half jaar of langer, soms twee jaar op dezelfde plaats vertoeven, en wier bemanning de noodige hygienische voorzorgen
niet even streng in acht neemt als die van oorlogschepen en
geheel voor wetenschappelijke tochten uitgeruste vaartuigen,
hebben dan ook dikwijls van de verwoestingen van het klimaat
te lijden, vooral wanneer de gewone Afrikaansche koorts in
eene geele koorts-epidemie ontaardt. Zoo stierven op de Bonny,
welke rivier de Engelschen met deze spreuk kenmerken: „foul
„sky, fouler water, foulest land," van 14 Maart tot 20 Juli
1862 van 278 blanken 6 superkarga's, 5 dokters, 5 handelsbedienden en 146 matrozen, dus de grootste helft. [1]

---

[1] A n d r e e, *Geographie des Welthandels*, II s. 69. De bron, waaruit deze
statistieke opgaaf genomen is, heb ik niet kunnen vinden, maar daar deze schrijver, zoo als mij herhaaldelijk bleek, zeer goede bronnen gebruikt heeft, had ik
geen bezwaar, deze cijfers hier over te nemen. Behalve het reeds genoemde werk
van H u t c h i n s o n is voor de klimatologie van West-Afrika belangrijk: Dr. J.
A. B. H o r t o n, *Physical and medical climate and meteorology of the West*

Behalve dit ongunstig klimaat moet de handelaar op de palmolierivieren, vooral hij, die er voor het eerst zaken doet, nog
een aantal andere bezwaren overwinnen. De handel aldaar met
de negers is zoo als in een groot deel van West-Afrika ruilhandel. In landen, waar geen gemunt geld als cirkuleerend
medium in omloop is en toch een geregelde handel gedreven
wordt, vervangt een of ander voorwerp de plaats van het geld
in beschaafde streken. Deze waardemeter verschilt nu in de
meeste rivieren. Zoo rekent men in de Bonny evenals in de
westwaarts gelegen New-Calabar en Brass-River met *bars* en
manilla's; de laatsten — een benaming, die blijkbaar nog uit den
Portugeeschen tijd dagteekent [1] — zijn hoefijzervormige stukken
koper, waarvan twintig een *bar* vormen, die vijf *shillings* waard
is. In den Old-Calabar rekent men met *coppers*, een koperen
staaf, ongeveer een *yard* lang en een *shilling* waard. In den
Camaroen handelt men behalve met *bars*, ook met *crews*, een
maat voor palmolie, $12\frac{1}{2}$ *gallon* groot, *big tings*, kruit en geweren
en *little tings*, een zekere hoeveelheid katoentjes, rum, ijzer- en
koperwerk. Men ziet uit deze benamingen, zoo als later nog
nader blijken zal, dat de negers dezer streek zich in hunne betrekkingen met de Europeanen van een soort van gebroken
Engelsch bedienen. De koopman, die hier handel drijft, moet

---

*Coast of Africa, with valuable hints to Europeans for the preservation of
health in the tropics*, Lond. 1867, mij alleen bekend uit een kort verslag in
Petermanns *Mitth.*, 1868 s. 34. Daaruit blijkt, dat van 1000 negersoldaten gemiddeld in een jaar aan de Gambia ziek werden 978, te Sierra Leone 740
en aan de Goudkust 624, terwijl daarvan in dezelfde koloniën stierven 33,
29 en 26 man. De schrijver was dokter bij de Engelsche troepen in West-Afrika
en dus zeer bevoegd tot het berekenen dezer cijfers. Men ziet daaruit, hoe verderfelijk het Afrikaansche klimaat is ook voor de meest in West-Indië aange-
worven negersoldaten en dat van de Engelsche bezittingen de Gambia, waar in
de hoofdplaats Bathurst met nog geen zesduizend inwoners in acht jaar 1665
stierven, het ongezondst, de Goudkust betrekkelijk nog het gezondst is. Daar
ik het werk zelf niet heb kunnen raadplegen, weet ik niet, of Lagos hier ook
onder de Goudkust begrepen is, in welk geval de cijfers voor de Goudkust
alleen nog gunstiger zouden worden, daar Lagos wegens de daar achter gelegen
lagunen zeker nog ongezonder is dan de Goudkust met haar meer zandigen bodem.
[1] Het Portugeesche *manilha* beteekend *armband*, *voetring*, *hand-* of *voetboei*.

goed bekend zijn met de verschillende waarde en voorzien van de noodige hoeveelheid dezer waardemeters, waarin hij ook op de onderscheidene rivieren het daar van zijn schip gevorderde loods- en havengeld moet voldoen. De koningen toch der handelplaatsen, waarvan ik er boven enkele opnoemde — negerpotentaatjes, wier rijk meestal niet grooter is dan een onzer kleine Hollandsche gemeenten — heffen alle naar het aantal masten of den tonneninhoud van ieder schip een belasting onder den naam van *comey*, een woord, waarvan de oorsprong mij onbekend is.

Een groote moeijelijkheid van den Afrikaanschen handel is ook, dat men bij iedere gelegenheid, waarbij men met den neger in aanraking komt, een geschenk of *dasje* moet geven — een gebruik, dat men bijna in geheel West-Afrika aantreft en reeds in het laatst der zestiende eeuw door onze landgenooten is ingevoerd, toen zij nog geen forten op de Kust bezaten en dus de negers naar hunne schepen moesten lokken. [1] Om

---

[1] Dit blijkt uit de merkwaardige *Beschrijvinge van Gunea* van Pieter de Marée, die in 1602 het eerst te Amsterdam werd uitgegeven. Sedert vindt men bijna geen werk over de Kust van Guinee, waarin niet van *dasjes* gesproken wordt, zoodat het een komiek effekt maakt, dat de heer de Jonge (*Oorsprong*, bl. 49) daarbij een vraagteeken zet. Als men in aanmerking neemt, hoeveel Portugeesche woorden nog op de Kust van Guinee in gebruik zijn, zoo als *caboceer*, *palabber*, *calisiaren*, *rimadoor*, enz., dan is de vooronderstelling niet gewaagd, dat *dasje* ook een verbastering is van het Portugeesche *doação*, het Latijnsche *dotatio*. Blijkens de nu door den heer de Jonge uitgegeven stukken gebruikte men er oudtijds nog meer, die ik hier nu maar meteen zal verklaren. Vooreerst heeft ZEd. den volzin uit het Kontrakt met Axim, waarin *dasje* voorkomt, verkeerd gelezen. Zoo als hij dien afdrukt: "Soo wanneer "de swarten hier enich goet comen copen, sullen haer dasje (?) daeraff *gemeten*, "gelijck aen de Mina, te weten van elke *Benda* vier elle *over*, lijwaat; sullen "iusgelijcxs gehouden sijn, voornemelijck met den coopman, als oock d'andere "blanken in alle vrede en vruntschap sonder eenich ...... (?) aentestellen, "te leven" is die niet te verstaan, al begrijpt men dat het uitgelaten woord *querell* of zoo iets moet zijn. Volgens een afschrift van dit kontrakt in de bibliotheek van het Kon. Instituut van Taal-, Land- en Volkenkunde van Neerl. Indië moet men het begin aldus lezen: "Soo wanneer de swarten hier eenich goet "comme copen, sullen haer dasje daeraf *genieten*, gelijck aen de Mina; te weten "van elcke *bende* vier elle *ruw* lijnwaet." Dit is duidelijk. Een *bende* is thans bij de negers (J. A. de Marrée, *Reizen op en beschrijving van de Goudkust*,

te doen zien in welk een omvang dit gebruik nog tegenwoordig bestaat en hoe het geven al dezer geschenken nog al
iets moet kosten, schrijf ik hier over de levendige beschrijving
door een Engelsch dokter, die als superkarga of *trading-captain*,
zoo als de negers zeggen, onderscheidene reizen naar de Bonny
deed, daarvan geven: „Making presents or *dashes* has become
„part of the trade from usage, and to know how to make
„presents judiciously, is a very important branch of the knowledge
„of it. When the trader comes to see your goods, he asks
„for a dash; when he brings goods, he wants one; and when
„he receives payment another. The head slaves look for dashes.
„The pilots both in bringing you into and taking you out of
„the rivers, independent of a fixed payment, receive dashes;
„indeed whatever the occasion of a black man's coming on board
„may be, a dash is always solicited and except in collecting
„trust sometimes, nothing connected with trade tires your
„patience so much as their importunities for presents. Then
„there is a swarm of *Ju-ju-men* (fetiesje-priesters) and *Parliament*
„*Gentlemen* (neger-juristen) that worry and tease you almost to
„death for dashes. One or two of the chiefs of this rapacious
„crew you are almost obliged to give a trifle to, and the rest

1818, D. II bl. 215) twee oncen gouds, dus *f* 80, in welken zin het ook in
andere der door den heer de Jonge uitgegeven stukken voorkomt. Hier is
het echter iets, dat de negers koopen, waarschijnlijk een stuk lijnwaad; ik houd
dit *bende* ontstaan uit het Portugeesche *banda* (even als ons *bende*, een troep
menschen, uit het Fransche *bande*); aanvankelijk zal het beteekend hebben : een
stuk goed, voorts de hoeveelheid goud, die men daarvoor konde inruilen. Het
in de tweede zinsnede uitgelaten woord luidt in bovenbedoeld afschrift *bacerill*,
welk boek met zeven zegelen ik voor den heer de Jonge ontsluiten zal. In het
Portugeesch is *bacharél* een *baccalaureus*, *un bachelier*, verder in overdrachtelijken zin een *babbelaar*, *lawaaimaker*. Op de Kust heeft men nu dit laatste
begrip van den persoon op de zaak overgedragen en het den zin van *twist*,
lawaai, gegeven; het is waarlijk recht aardig, dat een disputeergraag jurist zoo
de benaming wordt voor de eindelooze neger-palabbers. Iets lager in hetzelfde
kontrakt heeft de heer de Jonge nog het woord *rofine* met een vraagteeken
versierd; het moet daar *gijzelaar* beteekenen en is dan ook dood eenvoudig het
Portugeesche *refèn*, in het Spaansch *rehen*, beide ontleend aan het Arabisch
rahn. (Engelmann, *Glossaire des mots Esp. et Port. dérivés de l'Arabe*.)

„you get rid of as you best can. Pleading poverty is perhaps „one of the least offensive methods of ridding yourself of their „company, as you thus acknowledge their merit, and plead „inability to reward it." [1]

Het voornaamste bezwaar, dat de Europeesche handelaar in West-Afrika ondervindt, is evenwel dit, dat hij aan de negers op uitgebreide schaal krediet, of zoo als het daar heet, *trust* moet verleenen, een gewoonte, waarvan men eerst in de latere jaren begint terug te komen, maar die nog lang niet algemeen is afgeschaft. Zoo laten de schepen, die de eigenlijke Kust van Guinee bevaren, wanneer zij uit Europa komen, gewoonlijk eerst op de verschillende handelsplaatsen hunne Europeesche waren, om daarvoor op de terugreis de bedongen hoeveelheid Afrikaansche produkten te erlangen. De groote massa palmolie, die uit de Rivieren der Bocht van Guinee wordt uitgevoerd, komt grootendeels uit het binnenland. De Europeesche handelaar moet aan de negerkooplieden der handelplaatsen aan het benedeneinde der rivieren goederen op krediet geven, waarmede deze hunne slaven hooger op de rivieren zenden, om daarvoor palmolie aan te koopen. De nieuweling, die het eerst hier handel komt drijven, weet natuurlijk niet, hoeveel krediet ieder dier zwarte kooplieden verdient. Aan de koningen der handelplaatsen, die alle zelf groote zaken doen, kan men zelfs moeijelijk het gevraagde krediet weigeren, daar zij dan den handel van alle andere negers met den kapitein van zulk een schip zouden verbieden. Men begrijpt gemakkelijk, hoeveel verliezen zulk eene soort van koophandel medebrengt, of omdat men krediet geeft aan personen, die zulks niet verdienen, of omdat, ook al heeft men met overigens soliede negerkooplieden te doen, deze dikwijls, wanneer de afvoer der olie uit het binnenland door oorlog

---

[1] J. Smith, *Trade and travels in the Gulph of Guinea*, London 1815 p. 186. In weerwil van den meer algemeenen titel handelt dit werkje alleen over de Bonny, maar bevat behalve een nauwkeurige beschrijving der wijze, waarop men daar handel drijft, belangrijke bijzonderheden over de zeden en gewoonten der Bonny-negers, hun menschenoffers en kannibalisme, barbaarsche praktijken, die het voortdurend verkeer met Europeanen nog niet geheel heeft doen verdwijnen.

of andere oorzaken gestremd is, hunne schuld niet op den bepaalden tijd kunnen voldoen, waardoor de schepen gedwongen worden lang in de rivieren te blijven, dat behalve groote kosten veelal verlies van menschenlevens veroorzaakt. Om aan deze bezwaren te gemoet te komen, onderhouden thans de voornaamste Europeesche huizen in deze rivieren zoogenaamde hulken tot verblijf van den superkarga met een gering Europeesch personeel, die voortdurend op de afdoening der schulden kan aandringen en in deze drijvende magazijnen de produkten in ontvangst neemt, zoodat de uit Europa komende schepen spoedig kunnen volgeladen worden, terwijl thans ook veel met de stoombooten der West-Afrikaansche lijn naar Europa wordt verzonden.

Nadat de eerste proeftocht der *Elmina* in 1837 goed geslaagd was, had de firma Boelen reeds in de eerstvolgende jaren een zestal schepen op de olierivieren in de vaart, maar ondervond tevens veel der bovenbeschreven bezwaren. Zoo werd van het eene schip meer *comey* geheven dan van het andere. De *Elmina* leed op de Goudkust schipbreuk, terwijl een ander rijk geladen schip na verlies van den kapitein en de stuurlieden slechts met de hulp, verstrekt door een Fransch oorlogschip, behouden in Nederland kwam. Op den Old-Calabar weigerde Koning Eyamba V van Duketown aan twee schepen, na het overlijden der beide kapiteins, alle betaling. Een schip, dat in den Camaroen drie vierden zijner lading op krediet gegeven had, moest, nadat het een jaar op die rivier gebleven was, uit gebrek aan proviant vertrekken, slechts voor een derde met palmolie gevuld, terwijl de negervorstjes aldaar de overdracht der pretenziën van dit schip op een ander vaartuig der firma Boelen niet wilden erkennen. Daar de oorlogschepen van het Engelsche eskader tot wering van den slavenhandel herhaaldelijk deze rivieren bezochten en zoo den Engelschen handel steun verleenden tegen de willekeurige handelingen der negerkoningen, was het wenschelijk, dat ook de Nederlandsche marine zich in deze streken vertoonde. Op aandrang der firma Boelen werd daartoe besloten; de kapitein-luitenant ter zee Freudenberg, die met de brik *Echo* in October 1842 naar Oost-Indië vertrok, ontving den last de

Bocht van Guinee, bepaaldelijk den Camaroen, aan te doen.
Ongelukkig kon dit schip door te grooten diepgang die rivier
niet binnenloopen en moest buiten de baar blijven; wel trad men
toen met de negervorstjes in onderhandeling, die allerlei schoone
beloften deden, maar deze, zoodra het oorlogschip vertrokken
was, geen van alle nakwamen. Daarom werd in het begin van
1844 op nieuw de schoener *de Lancier* naar de Bocht van Guinee
gezonden, waarvan het bevel ongelukkig werd opgedragen aan
den luitenant ter zee eerste klasse van Boudijck Bastiaanse,
een zonderling, waarvan ieder, die twintig jaar geleden in de
rezidencie woonde, zich een tal anekdotes zal herinneren.

Alvorens den Camaroen aan te doen, ging *de Lancier* naar
de Bonny, waar het schip evenwel de rivier niet binnenliep,
daar de voornaamste vorst, koning Pepple van Bonny-town,
juist zijne buren aan de rivier Andony beoorloogde en dus toch
niet in zijn rezidencie te vinden was. In den Old-Calabar, welke
rivier toen het eerst door een Nederlandsch oorlogschip werd
bezocht, trad men in onderhandeling met den bovengenoemden
Eyamba en zijn voornaamsten mededinger, Eyo Honesty II van
Creektown. Tot innig welbehagen van den heer Bastiaanse waren
beide negervorsten verrukt over het sierlijke uniform onzer
marine; de laatste bestelde zelfs terstond aan den superkarga
Baak een soortgelijk kleedingstuk voor zich, misschien in de
overtuiging, dat hij dan een ander mensch zou worden. [1] Volgens de getuigenis van al onze zeeofficieren trachtte deze Eyo
Honesty, in 1858 overleden, ook op andere wijzen de vruchten
der Europeesche beschaving deelachtig te worden en overtrof
in dit opzicht al zijn kollega's in dit gebied. Hutchinson
verklaart zelfs, dat hij goed Engelsch sprak, las en schreef,
als de voornaamste handelaar op den Old-Calabar zijn eigen
boeken bijhield en dat hij, hoewel zelf geen Christen, de zendelingen beschermde en hunne vertoogen voor zijne onderdanen in de negertaal vertolkte. Over dezen vorst had dan ook

---

[1] Ten minste de heer Nierstrasz verzekert (zitting der tweede kamer van
22 Mei) «als ik de uniform aantrek, is het of ik een ander mensch ben».

de firma Boelen niet te klagen, wel, zoo als wij zagen, over Eyamba, die echter door de verschijning van het oorlogschip bewogen werd, zijne schulden af te doen.

Had deze expedicie hier dus een zeer bevredigend rezultaat, in den Camaroen was dit alles behalve het geval. Den 27sten Juni 1844 ankerde *de Lancier* voor King George Town, waarschijnlijk het Jossestown van Hutchinson en even als iets hooger King Bells Town en King Acqua Town aan den linkeroever der rivier gelegen. Na eenige tegenstribbelingen kwamen de koningen der drie naar hen genoemde handelplaatsen aan boord van het oorlogschip tot het houden van een palabber, waarbij zij de wettigheid hunner schuld erkenden, ook dat zij hunne beloften aan den kommandant van *de Echo* niet vervuld hadden, maar nu aannamen hunne schuld binnen zes dagen te voldoen, met welke betaling zij terstond zouden aanvangen. Daar echter noch dien dag, noch den volgenden morgen eenige goederen kwamen, schoot men toen reeds eenige granaten en kogels op George- en Bellstown, om te toonen, dat het ernst was. Op den avond van dien dag waarschuwde de superkarga Baak, die met het koopvaardijschip *de Bij* van den Old-Calabar *de Lancier* verzelde, dat de negers vrouwen en kinderen naar het bosch gezonden hadden en zich dus op krachtigen wederstand voorbereidden, dat zij met hunne sterk bemande kano's des nachts *de Bij* konden afloopen, zonderdat *de Lancier* dit met zijne geringe bemanning zoude kunnen beletten, misschien zelfs het oorlogschip in gevaar konden brengen. Bastiaanse begreep echter de eens begonnen vijandelijkheden te moeten voortzetten. *De Lancier* ankerde vlak voor Bellstown, welks vorst de voornaamste wederspannige was; koning George was toch min of meer de vassal van koning Bell, terwijl koning Acqua door het zenden van enkele goederen zijne gezindheid tot betaling toonde. Den 1sten, 2den en 3den Juli werd King Bellstown, ook gedurende den nacht, duchtig beschoten, waar men groote schade aanrichtte, zonderdat dit de negers tot vrede deed neigen. Intusschen werd het donkere maan, een groot deel der ammunicie was verbruikt, zoodat Bastiaanse, nu zelf bezorgd voor zijn bodem, moest terug keeren. *De Bij* bleef voor de baar liggen, om andere Hollandsche koopvaardijschepen te waarschuwen, voor wie het in dezen stand van zaken hoogst ongeraden was den Camaroen te bezoeken. [1]

Zoo ooit was nu het zenden eener sterkere expedicie naar de Bocht van Guinee noodig, hetgeen in 1845 op nieuw aan *de Lancier* werd opgedragen, nu verzeld door den schoener *de Husaar*, onder de luitenants ter zee Bruining en Sluijter, waarvan de eerste het opperbevel voerde. Even als op de vorige expedicie deden beide schepen het eerst Elmina aan, waar zij alleen door hunne verschijning van groot nut waren. De koning van Mauree, waar, zoo als nu door den heer de Jonge is aangetoond, reeds in 1612 het eerste Nederlandsche fort op de Goudkust gesticht was, verzette zich toch tegen ons gezag en weigerde te Elmina te komen, ja had zelfs den goeverneur, indien deze hem wilde dwingen, gedreigd met het lot van zijn voorganger Tonneboeyer, die in 1837 door Bonsoe, koning van Ahanta, met vier Europeanen overvallen en gedood was, hetgeen een jaar later tot de uitzending der groote expedicie onder den generaal-majoor Verveer verplichtte. Door de komst der beide Nederlandsche oorlogschepen begreep de koning van Mauree, dat hij even als Bonsoe met den strop kennis kon maken en

---

[1] Deze expedicie van *de Lancier* is beschreven eerst door den eersten officier E M. C. Baak, broeder van den superkarga, in Tindal en Swart, *Verhand. en Berigten betrekkelijk het zeewezen* voor 1845, daarna door Boudijck Bastiaanse in een afzonderlijk werk: *Voyage à la côte de Guinée, dans le golfe de Biafra, etc.* La Haye 1853. Dit dikke boek, vol dwaze en hinderlijke uitwijdingen over de zeeslagen van de Ruyter en Tromp, zeeslangen en wat niet al, geeft over de commercieele bemoeijingen op dien tocht nog het meeste licht, daar Baak zich hoofdzakelijk tot het zeevaartkundige bepaalt. Ook zijn in dit laatste opstel, even als in vele andere van bovengenoemd tijdschrift, door slordige korrekcie der drukproeven de plaatsnamen soms onkenbaar, voor wie niet bijzonder in de Guineesche geografie te huis is. Zelfs de namen van personen zijn er verkeerd gespeld. Zoo heet de goeverneur van Fernando Po *Beecroft*, wiens naam in bijna ieder werk over de olierivieren voorkomt, er *Beakerhoff*, bij Bastiaanse en het hierna te noemen opstel over de volgende expedicie *Bickerhoff*. Het zonderlingste van alles is, dat deze tocht van *de Lancier* volgens Bastiaanse in 1845 zou hebben plaats gehad, terwijl dit volgens Baak en het andere opstel in 1844 moet geschied zijn.

koos dus de wijste partij, zich zonder verdere tegenstribbelingen te onderwerpen. Voor de Bonny gekomen, liep men
deze keer die rivier binnen, daar koning Pepple te huis was.
Aangemaand tot het voldoen zijner oude schuld, verontschul-
digde Pepple zich naar waarheid, dat de oorlog met Andony
zijne kano's belet had, palmolie op de groote markt van Ibo
aan den Niger te koopen. Daar de aanwezige olie reeds aan
twee Engelsche schepen verkocht was, nam men genoegen met
de onmiddelijke levering van negen vaten en de plechtige
verbintenis, dat de overige schuld later voldaan zou worden.
Op den Old-Calabar, waar *de Lancier* reeds het vorige jaar
een gunstig rezultaat bereikt had, kon men zich thans van alle
bedreigingen onthouden. Zoowel aan Eyamba als aan Eyo
Honesty werden geschenken namens den koning der Nederlanden overhandigd, terwijl men, om den laatsten zoo goed-
gezinden vorst te grooter eer te bewijzen met beide schepen
tot voor Creektown kwam, wat te voren nooit door eenig
oorlogschip gedaan was. Den 19den Mei 1845 liep men den
Camaroen binnen en bleef daar tot 12 Juni; zonder eenig
geweld, behalve dat men in den eersten tijd de vaart van neger-
kano's voorbij de schepen belette, werd in dit korte tijdsverloop
de vrede geheel hersteld, zoodat zelfs de zeeofficiers der beide
schepen vóór hun vertrek de drie vorsten in hunne verschillende
rezidencies bezochten. Koning Bell had van zijne schuld 524
crews (ieder ter waarde van ongeveer zes gulden) afgelost,
waarvoor hij zijne spiegels en ander huisraad verkocht had;
ook door het doen vatten van enkele zijner onderdanen, waardoor hij ze tot betaling hunner schulden dwong, toonde hij
zijn goede gezindheid; daar hij voorts te vergeefs getracht had,
voorschot op zijn eigen huis te bekomen en men zijn aanbod,
om op al de palmolie in de rivier beslag te leggen, natuurlijk
niet mocht aannemen, begreep men niet verder te moeten
aandringen op de geheele voldoening zijner oude *trust*. Bruining,
de kommandant dezer expedicie, verdient den hoogsten lof voor
het beleid, waarmede hij deze hachelijke onderhandeling tot
een bevredigend einde bracht, zonder zijne toevlucht tot geweld

te nemen en met zelfvoldoening over zijne verschillende verrichtingen ter Kuste van Guinee mocht hij zijne reis naar
Oost-Indië voortzetten. [1]

Hetgeen ik hier vermeldde over deze drie expedicies van
Nederlandsche oorlogschepen naar de Bocht van Guinee, waarover ik eenige meerdere bijzonderheden mededeelde, omdat die
thans na het vierde eener eeuw aan weinigen bekend zijn, noopt
van zelf tot de vraag: in hoever zulk een tusschenkomst der zeemacht voor den handel al dan niet wenschelijk is. Wanneer partikuliere kooplieden geregelde handelsbetrekkingen aanknoopen of
zelfs agenturen vestigen in zulke onbeschaafde wereldstreken als
de onafhankelijke negerlanden van Afrika's Westkust, dan hebben
zij daar meer dan in eenig ander vreemd land recht op den
steun van het staatsgezag. De groote bezwaren en opofferingen,
waaraan zij zich voor het drijven van zulk een handel bloot-
stellen, getroosten zij zich natuurlijk in de hoop op groote
handelswinst, maar daar deze handel bij welslagen tevens niet
te versmaden indirekte voordeelen aan het algemeen oplevert, is het een welbegrepen staatsbelang, het voortzetten
daarvan te bevorderen, niet door het geven van geldelijke
ondersteuning, waardoor gewoonlijk de partikuliere handelsenergie geheel wordt uitgedoofd, maar door het verleenen van
zedelijke bescherming en, waar het onverhoopt noodig mocht
zijn, ook van gewapende hulp, zooals het staatsgezag alleen
verstrekken kan. Zoo ergens is in zulke onbeschaafde landen het
zoogenaamde vertoonen der oorlogsvlag wenschelijk, ja onmisbaar, opdat de inlandsche vorsten weten, dat de Europeanen,
die in hun land voor korter of langer tijd verblijven, kunnen

---

[1] Over deze expedicie onder Bruining vindt men een uit de officieele rapporten
opgemaakt opstel in Pilaar en Obreen, *Tijdschrift toegewijd aan het zeewezen*, D. V en VI, aan welk stuk ik ook de boven medegedeelde bijzonderheden over de eerste handelsondernemingen der firma Boelen in de Bocht van
Guinee ontleende.

rekenen op den krachtigen steun van oorlogschepen, wanneer zij van hun leven, vrijheid of eigendommen beroofd werden. Een staat, die zoo als Nederland nog altijd een zeemogendheid is, mag in deze omstandigheden zijne kloeke onderdanen niet aan hun lot overlaten, maar is verplicht, zoodra die in zulke landen een geregelden handel drijven, van tijd tot tijd, minstens om de vijf of tien jaar, een oorlogschip derwaarts te zenden. Bij deze bezoeken moet men dan óf handelstraktaten sluiten en later op de handhaving dezer traktaten aandringen, of wel, indien men met zoo weinig beschaafde landen geen eigenlijke verdragen wil aangaan, trachten de inlandsche vorsten te overtuigen, hoe nuttig het voor hen zelf en hunne onderdanen is, dat zij den handel met Europeanen beschermen; dien niet door willekeurige of overdreven hooge belastingen drukken.

Is het echter wenschelijk, dat oorlogschepen in zulke gevallen optreden als gewapende deurwaarders tot het invorderen van onbetaalde handelschulden, hetgeen, zoo als wij zagen, de voornaamste bemoeijing was der boven beschreven expedicies naar de Bocht van Guinee? Ik zou dit betwijfelen, in ieder geval acht ik het even ongeoorloofd, als onraadzaam, dat men daarvoor tot maatregelen van geweld overgaat. Wel handelde Bastiaanse zeker tegen de inzichten der toenmalige regeering, door dit zoo spoedig en onberaden te doen. In de instrukcie aan Bruining werd dan ook aanbevolen: „de zaak met over-„reding en zachtheid te behandelen," maar tevens werd hem voorgeschreven: koning Bell te bedreigen, dat men bij het niet afdoen zijner schuld, „zijne negorijen verbranden, de vrucht-„boomen omkappen" (hoeveel menschelijker was reeds de Mozaïsche wetgeving!) „en zijn land verdeelen zou tusschen de beide andere „vorstjes aan den Beneden-Camaroen." Door Bruinings verstandig beleid is dit uiterste voorkomen, maar het zou toch bij meerder onverzettelijkheid van dit negerhoofd waarschijnlijk hebben plaats gehad. Ware de handel daardoor gebaat? Opmerkelijk is het, dat in weerwil van den gunstigen uitslag dezer expedicie de Nederlandsche handel, die op den Old-Calabar is voortgezet, voor zoover ik kan nagaan, niet meer gedreven is op den

Camaroen. Toen toch Koopman in 1860 weder met een Nederlandsch oorlogschip de Bocht van Guinee bezocht, achtte hij
het niet noodig, de laatste rivier aan te doen en werd hem te
Fernando Po door een hoofd van de Bimbia verklaard (bl. 215):
„Me no want Dutchmen, no forget never Dutch man of war
„in the Camaroons; Englishmen no fight; merchantmen can
„make their own business, that is better." Men had dus na
vijftien jaar het oorlogsgeweld van Bastiaanse nog niet vergeten;
de schadelijke gevolgen dier verkeerde tusschenkomst werkten
nog steeds na. Zelfs voor het rechtsgevoel van den neger moet
het stuitend zijn, dat men zijn woonplaats in brand schiet,
omdat oude handelschulden niet bij de eerste aanmaning worden
afgedaan op een oogenblik, dat men daartoe misschien met de
beste gezindheid buiten staat is. Dat men de vestigingen van
zeeroovers in den Indischen Arsjipel of de schuilhoeken van
den slavenhandel aan de Afrikaansche kusten op zulk een
wijze vernielt, kan niet worden afgekeurd; ook niet, dat men
tot geweld overgaat, waar de moord of berooving van Europeanen op geene andere wijze kan worden gestraft. In overzeesche gewesten, waar een Europeesche mogendheid op gee-
nerlei wijze gezag uitoefent, noch ook van zins is, zich ooit
te vestigen, acht ik het verkeerd, handelskwestiën met wapengeweld te beslissen; daar moeten de oorlogschepen zich bepalen
tot onderhandelingen en zooveel slechts eenigzins mogelijk is,
alleen op vreedzame wijze optreden.

In weerwil der zoo even medegedeelde verklaring van het
negerhoofd uit den Camaroen valt het niet te ontkennen, dat
Engeland ook in die streken van West-Afrika, die niet tot zijn
koloniaal bezit behooren, zich herhaaldelijk met zijne oorlogschepen in allerlei binnenlandsche aangelegenheden mengt. Op
zeer praktische wijze weet het door middel van konzuls blijvend
een krachtigen invloed uit te oefenen in de onafhankelijke negerlanden, voor de kosten van wier rechtstreeksche inbezitneming het terugdeinst. Zoo benoemde het in 1851 een konzul
te Lagos voor de Bocht van Benijn, sedert 1849 een te Fernando Po voor de Bocht van Biafra. Zeer wordt er op gelet

dat deze betrekkingen, waaraan een bezoldiging van 500 £ verbonden is, aan bevoegde personen worden opgedragen. Voor de
Bocht van Biafra was zulks het eerst de verdienstelijke Beecroft,
na zijn dood in Juni 1854 tijdelijk onze landgenoot Lijnslager, de
twee voornaamste handelaars op Fernando Po; in 1856 Hutchinson, die als scheepsdokter verschillende rivieren dezer streek
had leeren kennen; daarna de door zijne reizen en excentrieke
oordeelvellingen bekende Burton; thans Chas. Livingstone, de
zoon van den beroemden ontdekker der binnenlanden van Zuid-
Afrika. Deze konzuls konden beschikken over de oorlogschepen
van het talrijke eskader, dat Engeland in West-Afrika onderhield en zoodoende in de Bocht van Guinee een heilzamen
beschavenden invloed uitoefenen. Zij sloten traktaten met de
negerhoofden, waarbij deze beloofden den slavenhandel tegen te
gaan, allengs ook andere barbaarsche gebruiken afteschaffen, zoo
als de gruwelijke menschenoffers bij het overlijden van vorsten
of andere aanzienlijke negers, het dooden van tweelingen, het
toedienen van de vergiftnoot (*chopnut*, *poisonbean*). Herhaaldelijk
werd geweld gebruikt tot handhaving dezer verdragen, soms ook
de eene negerkoning door een ander vervangen. Of men ook
geweld bezigde voor de invordering van handelschulden, waag
ik niet te beslissen; wel is het mij gebleken, dat deze konzuls
er gedurig bij de Engelsche handelaars op aandrongen, het ongezonde kredietstelsel te laten varen en niet meer op eigen gezag
negers door gijzeling op hunne schepen tot betaling hunner
schulden te dwingen. Ook werd door hunne bemoeijing in de
meeste olierivieren onder den naam van *Royal court of equity* een
soort van internacionale rechtbank gevestigd, waarin de superkarga's der verschillende handelshuizen zitting namen, om de
geschillen, zoo tusschen hen onderling als tusschen hen en de
negerkooplieden te beslechten. Op deze wijze werkt Engeland
meer tot beschaving der negers in de onafhankelijke staatjes der
Bocht van Guinee, dan in zijn eigen kolonie op de Goudkust,
waar het over de inlanders zoo weinig gezag uitoefent.

Voor Nederland, dat slechts bij tusschenpoozen van eenige
jaren een oorlogschip naar deze streken kan zenden, is juist

daarom de aanstelling van zulke konzuls te meer noodig. De bevelhebbers dier bodems, die misschien nimmer te voren de Bocht van Guinee bezocht hebben, kunnen niet voldoende bekend zijn met den stand der zaken aldaar en noch minder beoordeelen, in hoever de opgaven van partikuliere handelaars omtrent den onwil der inlanders in het betalen hunner schulden volledig vertrouwen verdienen. Ook kan het departement van marine hun voor bemoeijingen van dezen aard geene voldoende instrukcie geven, terwijl de verrichtingen onzer oorlogschepen in streken, zoo geheel buiten onze koloniën, vooral als onze bezittingen ter Kuste van Guinee mochten worden afgestaan, buiten den werkkring van het departement van koloniën vallen. Is er een Nederlandsch konzul voor de Bocht van Guinee, dan blijft de regeering hier te lande door zijne jaarverslagen over den handel aldaar voortdurend op de hoogte van de belangen onzer landgenooten in die gewesten; zij kan daaruit te beter beoordeelen, wanneer het zenden van een oorlogschip noodig is en dan den bevelhebber met kennis van zaken van eene goede instrukcie voorzien, terwijl deze, zoodra hij daar is, in den konzul een natuurlijken raadsman vindt, op welke wijze hij het best voor de belangen van den handel kan optreden. De groote moeijelijkheid is: voor zulk een konzulaat met zoo eigenaardigen werkkring geschikte personen te vinden. Daartoe een superkarga te benoemen, die voor een onzer handelshuizen op een hulk in de rivieren verblijf houdt, is min wenschelijk; vooral wanneer deze, zoo als gewoonlijk, een onbezoldigd konzul is, zal hij meer de belangen zijner firma dan die van het algemeen behartigen. Het beste ware dus, dat wij even als Engeland den konzul voor de Bocht van Guinee te Fernando Po vestigden, waar men in de hoofdplaats Clarence-Cove of Santa Isabella, zoo als de Spanjaarden het noemen, een soort van Europeesche handelskolonie vindt, die het kommercieele centrum der geheele Bocht is. Zulk een Europeesch koopman op Fernando Po is minder rechtstreeks betrokken in de verwikkelingen met de negerhoofden der Rivieren, dan een superkarga, die voortdurend in een dier rivieren verblijf houdt; men zal hem echter een goede bezoldiging moeten geven, opdat hij geregeld aan de Rivieren, waar zulks noodig is, een bezoek kan brengen. Al ware dit traktement even hoog als dat van den Engelschen konzul, ook dan nog zou een uitgave van zes duizend gulden 's jaars een bezuiniging zijn, indien daardoor het al te herhaald bezoek van oorlogschepen voorkomen wordt. Voor zulk een bezoldiging wil een geschikt persoon zich wel op Fernando Po vestigen, hetgeen echter onnoodig was, daar eene Nederlandsche familie een belangrijke rol op dit eiland speelt.

Lang voordat de firma Boelen handel op de Bocht van Guinee dreef, had de bovengenoemde Lijnslager zich op Fernando Po gevestigd en het is waarlijk te verwonderen, dat onze regeering van deze omstandigheid geen gebruik gemaakt heeft, om hem het konzulaat der Bocht op te dragen. Zijne persoonlijkheid kon haar toch niet onbekend zijn, want al onze zeeofficiers, die de Bocht van Guinee bezochten, prijzen zijne hulpvaardigheid en bereidwilligheid. Ook vindt men bijna geen boek over deze streek, waarin zijn naam niet met lof vermeld wordt. Volgens den Duitschen reiziger Bastian was zijn gastvrije disch bekend bij de zeekapiteins van alle naciën, terwijl Hutchinson, die van hem het Engelsch konzulaat overnam, deze schoone getuigenis over hem geeft: „Governor Lijnslager „is known for the best and noblest qualities which adorn a „man. Wherever the island is spoken of, his name and Fer- „nando Po are as inseparable as the Siamese twins." [1] Hij

---

[1] Dr. A. Bastian, *Ein Besuch in San Salvador, der Hauptstadt des Königreichs Congo*, Bremen 1859, s. 312; Hutchinson, *Impressions*, p. 182. Lijnslager, die vroeger in Nederlandschen zeedienst was, maar zich reeds in 1827 op Fernando Po vestigde, is waarschijnlijk een afstammeling der Lijnslagers, die in de vorige eeuw zoo herhaaldelijk in de annalen onzer marine voorkomen en onder wie de vice-admiraal het meest bekend is door zijn gezantschap naar Marokko en door zijne verrichtingen tegen de Barbarijsche zeeroovers. Hieruit en uit eene verwarring met den in zijne jeugd zoo bekenden romanheld Maurits Lijnslager verklaar ik het zonderlinge bericht bij Hutchinson: „This gentleman is „a descendent of Maurice Lijnslager, the celebrated merchant of Amsterdam, of „whom van Tromp, the valiant Dutch Admiral said, that he was a brave „citizen and a good Christian." De Spaansche zeeofficier Don Joaquin J.

heet hier goeverneur, omdat hij na het overlijden van Beecroft
tot 1858 het bestuur over deze zoogenaamde Spaansche kolonie
voerde. Eveneens verving hij, zooals ik reeds opmerkte, Beecroft
tijdelijk als Engelsch konzul voor de Bocht van Biafra. In deze
betrekking, zoo veel gewichtiger dan het goeverneurschap over
het destijds door Spanje geheel verwaarloosde Fernando Po,
deed Lijnslager in 1855 twee reizen op een Engelsch oorlogschip naar de verschillende olierivieren. Bij het eerste bezoek
werd Oldtown, de heilige stad van den Old-Calabar nabij Duketown, waar bij het overlijden van een hoofd vijftig personen
geofferd waren, niet alleen in brand geschoten, maar zelfs de
muren der woningen tot den grond geslecht en den negerhoofden
verboden, deze plaats te herbouwen; daarna op het verzoek van
den koning van King Williamstown aan de Bimbia de bewoners
van Boebie- of Zeeroovers-Eiland aan den voet van den Camaroen
wegens hunne zeerooverijen getuchtigd. De tweede reis geschiedde nog in hetzelfde jaar, omdat op de Bonny na het overlijden van den koning twee hoofden, aan wie men de giftnoot
wilde toedienen, op een Europeesch koopvaardijschip gevlucht
waren, waarna het volk uit woede al hunne vrouwen, kinderen
en slaven, te zamen wel zes a zeven honderd personen had om-
gebracht. Bij die gelegenheid werd het *court-house* verwoest en
de Engelsche handel, die voor 80,000 £ van de negers te
vorderen had, met de grootste verliezen bedreigd. Lijnslager
wist na vier langdurige palabbers den vrede te herstellen, zonderdat men de gevluchte hoofden uitleverde, terwijl hij vier daartoe
door de superkarga's aangewezen hoofden met het regentschap
in naam der onmondige kinderen van den overleden vorst be-

Navarro, die in zijne *Apuntes sobre el estado de la Costa occidental de
Africa, y principalmente de las posessiones Españoles en el golfo de Guinea,*
Madrid 1859, veel uit Hutchinson overneemt, doet het ook met dit bericht,
maar voegt er nog het volgende bij, p. 72: En la casa del ex-Gobernador Lin-
»slager y de su numerosa familia se alberga sin distincion cualquier extranjero
»de humilde ó elevada condicion, que con objeto de comercio, exploracion ó
»estudio venga á la isla de Fernando Póo, y suele servir, tambien de Casino
»(permítaseme la comparacion) donde se reunen los oficiales de todas las marinas
»europeas, que aquí concurren.»

lastte. Deze en andere verrichtingen van Lijnslager verkregen de goedkeuring vañ den Engelschen minister van buitenlandsche zaken Lord Clarendon. [1] Men ziet hieruit, dat de Nederlandsche regeering met vertrouwen de behartiging onzer handelsbelangen in deze streek aan Lijnslager had kunnen opdragen, waartoe deze zelf aanzoek deed, toen de heer Koopman in 1860 Fernando Po bezocht. Daar ik geen latere berichten over deze streek bezit, is het zeer mogelijk, dat Lijnslager, die toen reeds drie en dertig jaar op dit eiland woonde, sedert overleden is. Hij had echter verschillende zoons, waarvan een reeds in 1858 de agent was der Engelsche mailbooten, die tusschen Fernando Po en Liverpool varen en tevens de voornaamste handelsplaatsen der Kust van Guinee aandoen.

Er rest mij nog medetedeelen, hoe het na 1845 gegaan is met de Nederlandsche handelsbetrekkingen op de Rivieren der Bocht van Guinee. Na de expedicie van Bruining is daarover minder bekend gemaakt, zoodat ik het verdere verloop slechts uit enkele gegevens kan opmaken. Zoo weet ik bijvoorbeeld niet, tot hoe lang de firma Boelen zaken dreef op de Rivieren, wel dat de firma Trakranen eenige jaren later op dit gebied werkzaam was en dat de heer J. Baak toen als superkarga op de hulk *de Eendragt* in den Old-Calabar hare ondernemingen aldaar bestuurde. In deze betrekking onderteekende hij in 1855 met de verschillende superkarga's der Liverpoolsche huizen op de rivier een rekest aan Lijnslager, waarbij diens tusschenkomst als waarnemend Engelsch konzul in zake der bovenvermelde gruwelen werd ingeroepen en nam hij deel aan de verschillende conferencies bij die gelegenheid. Ik vestig daarop te meer de aandacht, omdat velen in ons land bij de beoordeeling van Engelands gedragingen, vooral in koloniale aangelegenheden, veelal nog heden van gevoelens uitgaan, die in vorige eeuwen zeer ge-

---

[1] De belangrijke verslagen van Lijnslager over deze beide reizen en de antwoorden daarop van Lord Clarendon vindt men in de *Slave Trade Correspondence* der *Parliam. papers* over 1856.

wettigd waren, maar in onzen tegenwoordigen tijd gelukkig verouderd zijn. Al trachten de handelaars van verschillende Europeesche volken, die in hetzelfde onbeschaafde land gevestigd zijn, in het behalen van handelswinsten elkander den loef af te steken, in welken wedstrijd zij weleens tot minder edele middelen hun toevlucht nemen, zoodra het de verdediging der algemeene handelsbelangen tegenover de inlanders geldt, sluiten zij zich gewoonlijk zeer nauw aaneen. Ook is het sedert lang bij alle zeevarende mogendheden gebruik, dat een oorlogschip in de minder beschaafde streken van vreemde werelddeelen ook de belangen van onderdanen eener andere bevriende mogendheid behartigt, wier vlag op het oogenblik niet ter plaatse vertegenwoordigd is. Hoewel dit gebruik voor ons de noodzakelijkheid niet opheft, om in zulke gewesten, waarop onze landgenooten een eenigzins belangrijke handel drijven, nu en dan onze oorlogsvlag te vertoonen en geregeld konzulaire agenten te onderhouden, ware het verkeerd, ja ondankbaar, de groote diensten voorbij te zien, die Engeland met zijne over alle wereldzeeën verbreide oorlogsvloot en bijna overal te vinden konzuls, herhaaldelijk aan kleinere mogendheden, zooals Nederland, bewijst.

Eerst in 1860, vijftien jaar na de expedicie van Bruining, bezocht een Nederlandsch oorlogschip weder de Bocht van Guinee en wel de *Cornelis Dirks* onder Koopman, van wiens belangrijk reisverhaal ik reeds eenige malen gebruik maakte. Behalve voor het vertoonen der vlag aan de Afrikaansche en Amerikaansche stranden van den Zuider-Atlantischen Oceaan was deze schroefboot vooral uitgezonden, om genoegdoening te verkrijgen voor het gebeurde met de *Axim*, een schip van het huis van Rijckevorsel, dat gestrand en geplunderd was door de negers van Awey, een klein krom bij Kaap St. Paul, niet ver van het voormalige Deensche fort Prinsensteen te Quitta. Daar dit fort evenals de andere Deensche bezittingen ter Kuste van Guinee in 1850 aan Engeland was afgestaan, welke mogendheid er nog een kleine bezetting onderhield, behoorde de plaats, waar de schipbreuk had plaats gehad in naam onder de Engelsche Goudkust. De heer Koopman riep dus eerst de tusschenkomst in van den

Britschen goeverneur aldaar, die zich liefst buiten de zaak hield, daar hij toen geen oorlogschip ter zijner beschikking had en daardoor buiten staat was, eenige hulp te verleenen. Het gezag, dat de Engelschen over dit deel der Goudkust beoosten de Volta uitoefenen, is toch zeer onbeduidend; na de schipbreuk der *Axim* was daar ook een Engelsch koopvaardijschip gestrand en leeggehaald, zonderdat het Britsch bestuur der Goudkust dien roof gestraft had. [1] De heer Koopman, dus aan eigen krachten overgelaten, begaf zich nu, verzeld door den goeverneur Nagtglas en den ambtenaar ter beschikking Magnin, met zijn bodem naar Jelliekoffie, een nieuw krom bewesten Quitta, waar de bewoners van dit laatste zich gevestigd hadden, om het door de Engelschen geheven hoofdgeld of *poll-tax* te ontwijken, en van daar over land naar Awey. Een langdurig palabber met het hoofd dezer plaats gaf geen ander rezultaat, dan dat deze een handelschuld aan de firma Rijckevorsel moest afdoen. De negers, die de *Axim* geplunderd hadden, waren wel niet op het kerkhof, maar zoo het heette, uit andere krommen, waarover hij geen gezag uitoefende. Koopman moest dus wel onverrichter zake vertrekken, daar de regeering, het plegen van vijandelijkheden verboden had; trouwens had men die moeijelijk kunnen aan-

---

[1] Over dit oostelijke uiteinde der Goudkust, dat etnografisch eigenlijk tot de Slavenkust behoort, maar dat, sedert de Denen in 1784 het fort te Quitta stichtten, veelal tot de Goudkust gerekend wordt, vergelijke men behalve de berichten van den natuuronderzoeker I s e r t, *Reize van Koppenhagen naar Guinea*, enz. Amst. 1797, die als arts den Deenschen krijgstocht verzelde, waarbij dit fort gesticht werd, nog die der hier gevestigde Bremer zendelingen, onder anderen: *Das Ewe-Gebiet an der Slavenküste von West-Afrika* met uitvoerige kaart in P e t e r m a n n s *Mittheilungen* voor 1867. De zeer onrustige volkstam tusschen de Volta en Quitta, die nu nog even weerspannig is tegen het Engelsch gezag, als vroeger tegen de Denen, heet waarschijnlijk door een drukfout of ander abuis bij K o o p m a n (bl. 193) *Aurona*; R ö m e r, de oudste schrijver, die er melding van maakt, noemt dezen stam *Agonna* (*Nachrichten von der Küste Guinea*, Kopenh. 1769 s. 245 en 248); bij I s e r t heet die *Augna*, dat men *Aoegna* zal moeten uitspreken; bij de Bazelsche zendelingen *Aoengla* of *Awongla* (zie de kaart *Südliches Wolta Gebiet* in J o s e n h a n s, *Atlas der Evangelische Missions Gesellschaft zu Basel*); op de bovenvermelde kaart der Bremer zendelingen *Anglo*.

wenden, daar het aan de lagune gelegen Awey uit zee niet te beschieten is en eene landing op deze ongenaakbare kust hoogst bezwaarlijk ware. Hij bracht ons ambtenaarspersoneel der Goudkust weder naar Akkra en ontving daar van den hoofdagent der firma Rijckevorsel eene lijst der schulden, die zij op de slavenkust te Porto Seguro, Klein- en Groot-Popo, Badagry en Lagos te vorderen had, en waar toen een viertal harer schepen handel dreven. Koopman bezocht de meeste dezer plaatsen, maar trad niet met de verschillende negervorstjes in nadere onderhandeling, daar de verschijning van het oorlogschip voldoende was, om de afbetaling der schulden spoediger te doen vlotten.

Na een kort bezoek te Lagos en Fernando Po stevende de *Cornelis Dirks* naar den Old-Calabar, waar Koopman terstond een bezoek bracht aan den superkarga Baak, die wegens ongesteldheid zijne hulk niet kon verlaten. Den ekonomischen toestand op deze rivier beschrijft Koopman aldus (bl. 218): „Buiten de „palmolie en het ivoor bestaat er geen handel. Tegen het ver- „krijgen der verschillende fraaije houtsoorten, die de bosschen „opleveren, is een groot bezwaar, namelijk de luiheid en onwil „van den neger en de rijstkultuur, die goud beloofde onder „Honesty II, is opgegeven, aangezien, men zoude zulks niet „kunnen gelooven, het rijstpellen een te zwaar werk was." Wat den handel betreft, was men in zoover van het kredietstelsel afgeweken, dat men aan de kleine negerkooplieden geen *trust* meer verleende, maar alleen de olie en het ivoor inkocht, die zij aan het schip brachten; tegenover de groote handelaren, vooral de negerkoningen, kon men dit echter niet volhouden. Daar Eyo Honesty III even als zijn vader geregeld zijne schulden afdeed, vond Koopman het niet noodig, dezen jeugdigen vorst tot betaling aan te manen en bracht hem alleen met drie zijner officieren namens den koning der Nederlanden een officieel bezoek te Creektown. Met John Archibong, den vorst van Duketown, hield hij echter over de schuldafdoening een ernstig palabber, waarbij hij zelfs dreigde, dat hij zich door Baak de huizen der slechte betalers zou laten aanwijzen,

om die, de overige stad zooveel mogelijk sparende, plat te
schieten. Dit veroorzaakte groote verontrusting. De negerloods,
die tot tolk diende, riep zelfs verschrikt uit: „Wil *captain*
„Baak den handel vernietigen en maken, dat de blanke man
„onze vijand wordt?" Ook heette het nu weer; „*English man*
„*of war* nooit komt tusschenbeide, waarom nu de Hollander?"
Daar hem bovendien werd aangetoond, dat de palmnoot eerst
in Maart wordt geoogst en de handel in het binnenland pas
in April is opengesteld, begreep Koopman, dat eene onmiddelijke afdoening nu in Februari eene onmogelijkheid was en
stelde zich tevreden met beloften voor de toekomst. Hoewel
dus, dank zij het verstandig beleid van Koopman, de goede
verstandhouding niet gestoord werd, was Archibong niet te
bewegen, een bezoek aan het oorlogschip te brengen even als
zijn kollega van Creektown; ook schijnt het mij nog altijd
twijfelachtig, of zulke bedreigingen, om afdoening van oude
handelschulden te verkrijgen, een geschikt middel zijn tot bevordering van den handel.

Daar de *Cornelis Dirks* ons laatste oorlogschip was, dat de
Bocht van Guinee bezocht, kan ik over de voortzetting der
Nederlandsche handelsbetrekkingen in dit gebied gedurende
de laatste tien jaar geen nadere bijzonderheden mededeelen.
Alleen is mij in het algemeen bekend, dat het Amsterdamsche
huis Abuys, Janse en Co. de zaken der firma Trakranen heeft
overgenomen, maar zijne meeste palmolie met de Engelsche
stoombooten naar Liverpool voert en daar ter markt brengt.
Hoewel dit huis op die wijs belangrijke zaken drijft, vallen die
toch eigenlijk buiten de handelsbeweging tusschen Nederland
en West-Afrika. Het andere Amsterdamsche huis, dat nog aan
dezen handel deelneemt, dat van Rijckevorsel en Co. vroeger
Bouman en Co. en Herklots en Bouman, bepaalt zich, zoo ik
wel onderricht ben, meer tot de vaart op de Goudkust en
naburige deelen der Kust van Guinee. Het eenige Nederlandsche
huis, dat nog rechtstreeks een paar kleine schepen naar den
Old-Calabar uitzendt, is de firma Fokker en Jeras te Middelburg,
zoo ik meen de opvolgster der Amsterdamsche firma Boelen

en Co., wier palmolie gewoonlijk op de Rotterdamsche markt verkocht wordt. Men ziet hieruit, dat tegenwoordig de rechtstreeksche vaart van Nederland op de Rivieren der Bocht van Guinee, van waar Engeland nog steeds zulk een enorme hoeveelheid palmolie verkrijgt, niet zeer belangrijk is en in vergelijk met vroeger aanzienlijk is verminderd.

Bepaalde gegevens omtrent den omvang dezer handelsbeweging bezit ik niet, daar die, zoo als reeds werd opgemerkt, in onze statistiek onder het hoofd Kust van Guinee begrepen is. Te dien aanzien moet ik echter op ééne bijzonderheid de aandacht vestigen. Onze Rotterdamsche handelshuizen dreven tot dusver geen zaken òp de Bocht van Guinee, maar bepaalden zich zoo als de firma H. van Rijckevorsel, later H. Muller en Co, tot de eigenlijke Kust van Guinee van Liberia tot Lagos, de Afrikaansche Handelsvereeniging tot het Kongo-Gebied; daarentegen bevoeren tot op den allerlaatsten tijd alleen de Amsterdamsche huizen de zoogenaamde olierivieren en dreven daar, hoewel zij ook de hooger gelegen deelen der Kust van Guinee aandeden, hun voornaamsten handel. Nu zie ik uit een opgaaf der schepen, die in de laatste twintig jaar te Amsterdam van de Kust van Guinee zijn ingeklaard, dat dit getal in 1869 en 1870 slechts 2 bedroeg, maar 8 zoowel in 1862 als in 1865. Juist in deze beide jaren was volgens onze officieele handelstatistiek de invoer uit de Kust van Guinee zeer aanzienlijk en bedroeg die een waarde van meer dan negen ton. Hieruit blijkt, dat de handel op de Bocht van Guinee in vroegere jaren voor een aanmerkelijk bedrag tot de cijfers onzer handelsbeweging op de Kust van Guinee bijdroeg en dat men zich ten onrechte daarop beroept, om te betoogen, dat de afstand onzer kleine kolonie op de Goudkust onzen handel zoozeer zoude schaden. Al ware die afstand inderdaad nadeelig voor den Nederlandschen handel op de Goudkust en hare onmiddelijke nabuurschap, dit kan onmogelijk eenigen invloed uitoefenen op onze betrekkingen met een zoo verwijderd deel van West-Afrika als de Bocht van Guinee. De vermindering van onze rechtstreeksche vaart op deze laatste streek schrijf ik hoofdzakelijk daaraan toe, dat de in die golf

voor zeilschepen zoo tijdroovende vaart daarmede niet is vol te
houden tegen de Engelschen, die nu wel vijf maal 's maands
eene geregelde stoomverbinding tusschen Liverpool en de Bocht
van Guinee hebben, terwijl deze booten door onderlinge mededinging de vrachten tot een zeer laag cijfer hebben doen dalen.

In de bovenstaande mededeelingen over onze betrekkingen
met de Bocht van Guinee werd reeds eenige malen Fernando
Po vermeld, dat èn als verblijf van den Engelschen konzul voor
deze streek èn als uitgangspunt van de booten der West-Afrikaansche lijn het centrum van dit handelsgebied is. Sedert nagenoeg eene eeuw heet dit eiland eene Spaansche kolonie; daar
nu Spanjes bestuur over deze zijne West-Afrikaansche bezitting
vroeger door sommige onzer landgenooten [1] en nu wederom
in het Voorloopig Verslag der Tweede Kamer over de aanhangige
traktaten met Engeland als voorbeeld aan Nederland is voorge-
houden, acht ik het noodig over de in het algemeen weinig
bekende geschiedenis der verhouding van Spanje tot Fernando
Po eenige bijzonderheden medetedeelen. Wegens het geografisch
verband tusschen dit eiland en de 'Bocht van Guinee laat ik die
hier volgen, om bij een latere gelegenheid de operacies van de
Afrikaansche Handelsvereeniging in het Kongo-Gebied, op dit
oogenblik het belangrijkste deel onzer handelsbetrekkingen met
West-Afrika, te bespreken.

VII.

DE HANDHAVING DER SPAANSCHE VLAG TE FERNANDO PO.

In de geheele koloniale geschiedenis ken ik geen voorbeeld
van een staatsrechterlijken toestand zoo zonderling als dien van
Fernando Po in de jaren 1843—1858. Dit eiland, waar geen

---

[1] G r a m b e r g, *Schetsen*, bl. 378 en het anonieme vlugschrift: *Wat moet
Nederland doen met zijne bezittingen ter kuste van Guinea*, 's Hage 1863, dat
aan den heer N a g t g l a s wordt toegeschreven.

enkele Spanjaard woonde, zelden of nooit een Spaansch koopvaardijschip kwam, was toen toch in naam eene Spaansche
kolonie, achtereenvolgens bestuurd door twee vreemdelingen,
een Engelschman en een Hollander, die hoegenaamd geen bezoldiging van de Spaansche regeering genoten, maar uit haar naam
belastingen hieven, wier opbrengst zij voor de behoeften der
kolonie besteedden in overleg met een raad uit de ingezetenen,
zoodat Fernando Po toen in werkelijkheid een kleine republiek
was, waar slechts voor de leus de Spaansche vlag uithing. Het
ontstaan van dezen buitengewonen toestand vereischt eenige
nadere historische verklaring.

Spanje, dat in vorige eeuwen het grootste deel der nieuwe
wereld overheerschte, had destijds geene enkele kolonie in tropisch Afrika. Eerst in 1778 verkreeg het door het verdrag van
San Ildefonso, waarbij de grenzen tusschen de Spaansche en
Portugeesche bezittingen in Zuid-Amerika nader werden bepaald,
van Portugal het bezit over de beide Guineesche eilanden Fernando Po en Annobon. Portugal kon gemakkelijk deze eilanden
afstaan. Op Annobon had het in de zestiende eeuw negers van
de vaste kust overgeplant, maar die later geheel aan hun lot
overgelaten, terwijl het zich nimmer vestigde op Fernando Po,
het eenige eiland van tropisch West-Afrika, dat reeds voor de
komst der Europeesche zeevaarders bewoond was. De aanspraken
van Portugal op dit laatste eiland berustten dus enkel op het
zeer betwistbare recht der eerste ontdekking. Spanje, dat in
zijne Amerikaansche koloniën zooveel mogelijk den handel mono-
poliseerde en die voor staatsrekening van negerslaven moest
voorzien, had deze tot dusver op zeer nadeelige voorwaarden
moeten koopen, eerst van de Nederlandsche West-Indische Kompanjie, later bij de bekende *asiento's* van Frankrijk en Engeland.
Het moest dus hoogen prijs stellen op het bezit van deze eilanden in de Bocht van Guinee, van waaruit het zich gemakkelijk
in de naburige rivieren der vaste kust van slaven kon voorzien,
destijds het deel van West-Afrika, waar dit treurige handelsartikel het best te verkrijgen was, even als het thans de meeste
palmolie oplevert. Nog in 1778 vertrokken drie schepen uit

Montevideo, om de eilanden in bezit te nemen. Door het ongezonde klimaat verloor deze expedicie twee derden der bemanning,
terwijl de geringe bezetting, die men op Fernando Po wilde
achterlaten, in opstand kwam, zoodat men ook deze moest intrekken. Door dit ongelukkige begin afgeschrikt, deed Spanje
vooreerst geen nieuwe poging, om zich in zijne Guineesche
kolonie te vestigen, waartoe het trouwens de noodige energie
miste, zoodra de zwakke Karel IV den hervormingsgezinden
Karel III was opgevolgd, en waaraan het later zelfs niet kon
denken, zoolang het eerst zijne staatsonafhankelijkheid tegen
de reuzenmacht van Napoleon moest verdedigen, daarna ver-
geefsche pogingen aanwendde tot herovering der aan zijn gezag
ontworstelde koloniën op het vaste land van Amerika. Ook hadden deze Guineesche eilanden voor Spanje eigenlijk alle waarde
verloren, nadat het zich tegenover Engeland had verbonden,
den slavenhandel na 1820 aan al zijne onderdanen te verbieden.

Daarentegen moest Engeland juist door zijne krachtige
pogingen tot onderdrukking van dien handel het oog vestigen
op Fernando Po, volgens Bastian, die alle vijf werelddeelen
doorreisde, het schoonste eiland der aarde, welks uitgedoofde
vulkaan van den 9000 voet hoogen top tot het zeestrand met
dicht bosch bezet is en zich voor het oog als de Piek van
Teneriffe voordoet, maar getooid in het weelderige plantenkleed
der keerkringgewesten. Het Engelsche eskader moest vooral de
zooveel slaven leverende Bocht van Guinee bewaken en dan de
negers uit de daar vermeesterde slavenhalers naar Sierra Leone
brengen, op welke vooral voor zeilschepen zoo langdurige reis
steeds een groote sterfte onder de te voren aan zoo vele ont-
beringen blootgestelde slaven plaats had. Men zocht dus naar
een geschikt oord in de nabijheid, waar men deze ongelukkigen
kon vestigen, zonder hen op nieuw in handen der slavenhalers
te leveren. Fernando Po, welks schoone baaijen de Engelsche
kruisers herhaaldelijk aandeden, om proviand in te nemen, was
daartoe allergunstigst gelegen, ook om van daaruit den slavenhandel in de Bocht tegen te gaan en den handel in palmolie te
beschermen. De Engelsche regeering besloot dus dit eiland te

bezetten, dat feitelijk alleen aan de oorspronkelijke bevolking, de zoogenaamde Boebies, behoorde en sedert een halve eeuw geheel door Spanje verwaarloosd was, met welke mogendheid Engeland bovendien na Cannings erkenning van de onafhankelijkheid der republieken van Spaansch-Amerika op zeer gespannen voet stond.

Kapitein Owen nam in 1827 Fernando Po in bezit en stichtte aan de noordzijde juist tegenover de olierivieren in de baai Clarence-Cove de stad van dien naam, waarvoor hij den grond van een paar hoofden der Boebies had aangekocht. Ook deze expedicie kostte een groot deel der bemanning het leven, daar men de voor den aanleg der stad noodige graafwerken door Europeanen liet verrichten, in plaats van door Kroenegers, die zich trouwens destijds misschien nog niet zoo algemeen aan de Europeesche schepen voor matrozenwerk en anderen zwaren arbeid verhuurden. Spanje protesteerde krachtig tegen deze inbreuk op zijne rechten, aan welke reklames Engeland na eenigen tijd gehoor gaf en reeds in 1833 zijn bestuur over Fernando Po introk, naar het mij toeschijnt vooral, omdat de Engelsche politiek toen in Spanje na het overlijden van Ferdinand VII de hervormingsgezinde Christino's tegen het absolutisme der Carlisten steunde en dus alle reden tot oneenigheid met de Spaansche regeering wilde vermijden. Misschien droeg er ook toe bij, dat het klimaat van Fernando Po in Engeland slecht stond aangeschreven door de verliezen, die de expedicie van Owen had ondergaan, welk slecht gerucht werd aangewakkerd door de ingezetenen van Sierra Leone, die bevreesd waren, dat de internacionale rechtbank over de vermeesterde slavenschepen van daar naar het zooveel gunstiger gelegen Fernando Po zou overgebracht worden. Engeland had namelijk ook bij erkenning der rechten van Spanje zijn bestuur over Fernando Po kunnen handhaven, totdat deze mogendheid in staat was, dit over te nemen. Onder het Engelsch bestuur hadden zich toch reeds Europeesche handelaars, zoo als Beecroft en Lijnslager, kleurlingen en negers uit Sierra Leone en de Engelsche Goudkust te Clarence-Cove gevestigd, terwijl vele uit de slavenschepen verloste negers derwaarts waren overgebracht, waardoor dit stadje toen reeds een kleine, maar bloeijende handelskolonie was, die meer dan menige West-Afrikaansche kolonie van den ouden tijd de bescherming van een Europeesch bestuur verdiende. Engeland schijnt dit later te hebben ingezien en knoopte in 1839 eene onderhandeling met Spanje aan, om de rechten dier mogendheid op Fernando Po af te koopen. Onder het regentschap van Espartero, het beste en verlichtste bestuur, dat Spanje in deze eeuw had, kwam in 1841 een verdrag tot stand, waarbij Spanje Fernando Po en Annabon voor 60,000 £ aan Engeland afstond — een hooge som, als men bedenkt, dat het daar slechts een nominaal recht van eigendom kon doen gelden, nooit eenig werkelijk bezit had uitgeoefend. Niettemin vond dit verdrag, dat door de Cortes moest worden goedgekeurd, grooten tegenstand bij de op het punt van eer zoo kitteloorige Spanjaarden, zoodat de regeering, afgeschrikt door dit verzet in de Cortes, de pers en de geleerde genootschappen, het wetsontwerp introk.

Wilde Spanje nu niet de rol spelen van den hond in de fabel, die een ander niet gunt, wat hij zelf niet gebruiken kan, dan diende het ten spoedigste een bestuur op Fernando Po te vestigen. Daar echter sedert zestig jaar geen Spaansch schip dit eiland bezocht had, als misschien in het eerste deel van dit tijdvak enkele slavenhalers, zond men er in 1843 een oorlogschip heen onder den kapitein ter zee de Lerena, om den stand van zaken aldaar te onderzoeken. Deze nam nu op nieuw plechtig bezit van Fernando Po en Annobon, zelfs van het eiland Corisco, waar hij aan een negerhoofd een akte van aanstelling uitreikte, maar daar hij niet in staat was, om te Clarence-Cove Spaansche beambten en bezetting achter te laten, benoemde hij Beecroft tot goeverneur. Ook gaf hij dezen Engelschman de bevoegdheid, rechten van in- en uitvoer en havengelden te heffen, eene milicie voor den dienst der kolonie te formeeren en uit de notabele ingezetenen een raad van vijf personen te kiezen, aan wien de rechtspraak en de wetgevende macht was opgedragen. Reeds in zijne eerste zitting van 10 April 1843 vaardigde deze raad een geheel koloniaal wetboek uit, dat door bepalingen tot viering van den Zondag er recht Engelsch uitziet en waarschijnlijk slechts eene nieuwe afkondiging was van verordeningen, vroeger op Fernando Po in gebruik [1].

Na Lerena's terugkomst in Spanje werd eene kommissie benoemd ter overweging, wat men daar verder voor Fernando Po moest doen; haar rapport luidde hoogst gunstig voor het behoud van een eiland, dat behalve uitstekend timmerhout, de produkten, die men op de naburige kust kon inkoopen, ook veel katoen, suiker en koffie zou kunnen opleveren. Men vergat alleen, dat negers negers en Spanjaarden Spanjaarden zijn. Intusschen had Narvaez in hetzelfde jaar 1843 den voor Spanje al te verlichten Espartero met wapengeweld verdreven en de meerderjarig verklaarde Isabella de regeering aanvaard — eene regering, die gedurende een kwart eeuw weer ten volle bewaarheid heeft den diepen zin der oude Spaansche legende, dat God aan Spanje verleend heeft: een vruchtbaren bodem, goeden wijn, schoone vrouwen, kortom al wat 's menschen hart begeeren kan, maar.... een slecht bestuur, omdat anders de engelen den hemel zouden verlaten en naar Spanje den wijk nemen. Wel werd op het gunstig rapport der staatskommissie eene krachtige expedicie van zeven oorlogschepen uitgerust, om inderdaad een Spaansch bestuur op Fernando Po te vestigen; zij zou in het voorjaar van 1844 uitzeilen, maar kreeg, zoo als in Spanje zoo dikwijls geschiedt, eene andere bestemming. In de plaats daarvan vertrok in 1845 een enkel korvet onder de Manterola, die niets op Fernando Po uitrichtte, dan er

---

[1] Het tarief en de wetten, door Beecroft voor Fernando Po gemaakt, vindt men in haar geheel achter het hierboven aangehaalde werk van Navarro. Dit en Don Miguel Martinez y Sanz, *Breves apuntes sobre la isla de Fernando Póo*, Madrid 1859, met kaartje van dit eiland, verkreeg ik door de welwillende tusschenkomst van Baron F. van Pallandt, toen sekretaris van legacie in Spanje, waarvoor ik hem te meer dankbaar ben, daar het nagenoeg onmogelijk is, nieuwere Spaansche werken, vooral van matigen omvang, door den boekhandel te bekomen. Uit beide geschriften in verband met de opgaven van Hutchinson en Bastian zijn mij de zoo zonderlinge betrekkingen tusschen Spanje en Fernando Po eerst duidelijk geworden.

twee priesters achter te laten en aan de Engelsche Baptisten aan te zeggen, dat zij binnen vijftien maanden het eiland moesten verlaten. De Spaansche priesters, niet bestand tegen het klimaat, vertrokken echter na een kort verblijf en de Protestantsche zendelingen, wier genootschap reeds in 1841 de door het Engelsch bestuur opgerichte en daarna door verschillende handelshuizen bezeten gebouwen voor £ 1500 gekocht had, konden vooreerst ongestoord hun werkkring onder de negerbevolking van Clarence-Cove voortzetten. Eveneens bleef Beecroft tot aan zijn dood onder den naam van Spaansch goeverneur prezident van het Europeesch republiekje op Fernando Po; na hem vervulde Lijnslager deze betrekking, die hem, naar het mij toeschijnt, meer door de keus der ingezetenen dan door de Spaansche regeering was opgedragen, al achtte deze het geraden, hem voorloopig als zoodanig te erkennen.

Eerst na verloop van tien jaar begon men in Spanje weer eens aan Fernando Po te denken. Don Miguel Martinez y Sanz, eerekapellaan der koningin, las in een liberaal blad, dat men de weerspannige priesters naar dit eiland moest verbannen en vond daarin een spoorslag, er vrijwillig een missie te vestigen. Ondersteund door bij de geloovigen ingezamelde gelden en door een subsidie der regeering vertrok hij in 1856 derwaarts als apostolisch prefekt aan het hoofd van een personeel van veertig man, bestaande uit priesters, katechisten, geestelijke zusters en handwerkers. Lijnslager ontving hem goed, de Protestantsche negers met scheele oogen. Daar de beloofde ondersteuning uit het moederland achterbleef, moest hij nog in hetzelfde jaar terugkeeren; de overige door ziekte geteisterde geestelijken volgden weldra zijn voorbeeld, zoodat er in het begin van 1857 van het geheele personeel der missie slechts één Spanjaard, die door Lijnslager als klerk gebruikt werd, met zijne vrouw op Fernando Po achterbleef. Nu echter begreep de Spaansche regeering krachtiger maatregelen te moeten nemen en zond in April 1858 een oorlogstoomboot derwaarts onder den kapitein-luitenant ter zee Don Carlo Chacon met een zestal Jezuieten, terwijl drie andere schepen met levensmiddelen en materialen voor een hospitaal weldra volgden. Chacon, die tot goeverneur-generaal der Spaansche eilanden in de Bocht van Guinee benoemd was, vaardigde reeds den dag, nadat hij die betrekking aanvaard had, een dekreet uit, waarbij elke godsdienstoefening behalve de Roomsch-Katholieke verboden werd, een te onverantwoordelijker daad, wanneer men bedenkt, dat volgens de door hem opgemaakte bevolkingstatistiek onder de 212 Christenen te Clarence-Cove slechts 20 Katholieken waren. De Baptisten-zendelingen poogden te vergeefs eene intrekking van dit besluit te verkrijgen en vestigden zich daarna met een groot deel hunner gemeente in de Amboises-Baai aan den voet van den berg Camaroen; alleen door de krachtige tusschenkomst der Engelsche regeering verkreeg het zendelinggenootschap eene schadeloosstelling voor haar onroerend eigendom van 1500 £. [1] Door deze godsdienstige onverdraagzaamheid, die men in onze negentiende eeuw ongehoord moest achten, wanneer niet de Fransche zeeofficiers eenige jaren te voren op Tahiti en iets later op de Loyalty-Eilanden beoosten Nieuw-Caledonië op aandrang der Roomsche geestelijkheid soortgelijk geweld hadden gepleegd, beroofde Chacon Clarence-Cove van een daar werkelijk niet overtollig deel der bevolking. Overigens kenmerkte zijn bestuur zich nog door uitbreiding van Spanjes nominaal bezit in deze streken; hij bewoog toch een hoofd van Corisco, die zich gevestigd had op de naburige vaste kust nabij Kaap San Juan, de suzereiniteit van Spanje te erkennen.

De Spaansche regeering was echter toen ernstig gezind, haar gezag over Fernando Po te handhaven. [2] Reeds in 1859 vertrok

---

[1] Vg. *Evangelisches Missions Magazin*, Basel 1859 s. 85—114 met kaartje der Amboises-Baai en 1863, s. 10. Het reeds aangehaalde werk van Navarro, die aan de expedicie van Chacon deelnam, bevat in de bijlagen diens dekreet en de bevolkingstatistiek van Clarence-cove.

[2] Zekere snuggere men beweert in het Voorloopig Verslag der Tweede Kamer, dat Engelands voorbeeld te Lagos Spanje weder de oogen op Fernando Po deed vestigen. Hoe kon de Spaansche regeering in 1858 weten, dat Engeland in 1861 Lagos in bezit zou nemen.

derwaarts wederom een oorlogsfregat en een transportschip, met
een nieuwen goeverneur tot aflossing van Chacon, 150 soldaten,
een zestigtal werklieden, priesters en geestelijke zusters, terwijl
een dekreet der Spaansche regeering van 13 December 1858
definitief het bestuur der kolonie op ruime schaal geregeld had
en aan ieder der aan te stellen beambten traktementen toelegde,
om onze minder ruim bedeelde ambtenaren in Guinee te doen
watertanden. De mare van een en ander, behoorlijk in de dag-
bladpers uitgebazuind, bracht sommige onzer landgenooten in
den waan, dat Spanje nu groote dingen in de Bocht van Guinee
zou verrichten. Zoo scheen het dan ook uit de verte. Van
naderbij gezien was de stand van zaken op Fernando Po minder
rozenkleurig. Toen toch de *Cornelis Dirks* in Februari 1860 dit
eiland bezocht, juist vijf maanden na de aankomst dezer laatste
Spaansche expedicie, was de goeverneur en de troepenmacht nog
altijd aan boord der schepen en waren er van de Europeesche
werklieden vele overleden, een veertigtal wegens ziekte naar
Europa teruggezonden, terwijl men in weerwil van de groote
som, waarover de goeverneur beschikken kon, slechts twee
honderd Kroe-negers in dienst had, om het bosch in de nabijheid der vestiging om te kappen. Koopman verklaart dan ook
in zijn Verslag (bl. 214): „In hoeverre het Spaansch goevernement
„in de voorgenomen kolonizacie slagen zal, moet de tijd leeren;
„algemeen is men echter van gevoelen, dat de Spanjaard zich
„hier moeijelijk zal kunnen gewennen aan het klimaat en uit-
„hoofde er met den inboorling, den zoogenaamden Boebie,
„waarvan er een 20,000 zoowel op het strand als op een vier-
„duizend voet hoogte van de twee pieken is verspreid, niets
„is aan te vangen, zal men verplicht zijn, negers of vrije arbeiders
„van de kust aan te werven, wil men ten minste eenig voordeel
„trekken van de groote som, die voor het voorgenomen werk
„is beschikbaar gesteld." Toen dit geschreven werd, voerden de
Franschen een groot aantal negers als zoogenaamde vrije immigranten van Afrika's Westkust naar hunne West-Indische
koloniën. Ongetwijfeld had men op die wijze negerarbeiders op
het zooveel naderbij gelegen Fernando Po kunnen invoeren en

dit eiland evenals St. Thomas en Prinseneiland, de naburige Portugeesche bezittingen in de Bocht van Guinee, tot eene door slavenarbeid bewerkte plantazjekolonie kunnen maken.

Gelukkig heeft Engeland spoedig daarop de Fransche regeering bewogen, af te zien van een stelsel, dat onder den naam van immigracie van vrije negers inderdaad eene herleving was van den slavenhandel onder een anderen vorm. Dit stelsel, gedurende welks kortstondig bestaan van 1857—1862 het handelshuis Régis te Marseille 15,000 negers in Martinique en Guadaloupe invoerde, berustte op deze grondslagen, dat men in Afrika slaven loskocht, waarvoor deze verplicht waren, tien jaar in de Amerikaansche koloniën te arbeiden en tevens uit het hun daar uitgekeerde loon den door de planters voorgeschoten loskoopprijs en de transportkosten te voldoen De firma Régis had hare voornaamste faktorieën voor dezen handel gevestigd te Whydah, de uitvoerhaven van het door zijne slavenjachten zoo beruchte Dahomey, te Loango en te Banana-Point aan den mond van den Kongo, juist de plaatsen in West-Afrika, van waar tot dien tijd nog steeds de meeste slaven werden uitgevoerd. Er kon dus geen sprake zijn van vrije aanwerving dezer negers, die op gewelddadige wijze in de Afrikaansche binnenlanden uit hunne woonplaats gesleurd en aan hunne familiebetrekkingen ontrukt werden. Ter verontschuldiging, heette het, dat zij in Amerika een beter lot te gemoet gingen. Maar al wil ik gaarne gelooven, dat men bij hun vervoer over zee betere voorzorgen gebruikte dan op de slavenschepen, ook dat zij in West-Indië beter behandeld werden dan vroeger de slaven, hoedanig het lot dezer tot verplichten arbeid gedwongen negers in de oude slavenkoloniën moest zijn, kan men het beste opmaken, wanneer men nagaat, hoe daar tegenwoordig geklaagd wordt over de behandeling der koelies uit Indië en China. Zelfs heeft de goeverneur van Britsch-Guyana op last der Engelsche regeering een kommissie van onderzoek moeten benoemen, wier rapport onlangs is uitgebracht en naar men hoopt, spoedig aan het parlement zal worden overgelegd. [1]

Vooral in den Grooten Oceaan heeft het vervoer van koelies schandalen doen ontstaan, die aan de ergste gruwelen van den slavenhandel herinneren. Sedert eenige jaren vangen schepen op verschillende eilanden van Polynesië de inboorlingen op en voeren die met geweld naar Peru, Tahiti en Queensland. In deze Engelsche kolonie is dit vervoer van koelies zeer onvoldoende geregeld door een wet van het koloniaal parlement en de regeering van Engeland was door het zelfbestuur, dat zij aan hare volkplantingen gunt, tot dusver niet bij machte, voor een beter toezicht tegen deze ergernis te zorgen. Terwijl ik dit schrijf, komt mij een merkwaardig boek ter hand, dat veel licht geeft over de toestanden van het nog zoo weinig gekende Queensland, eerst sedert 1859 eene zelfstandige kolonie. De schrijver, een student uit Oxford zonder middelen, uitgelokt door de opgesmukte aanprijzingen in de pers, ging derwaarts, om zijn fortuin te maken, maar vond zich bitter teleurgesteld, omdat hij alleen door handenarbeid zijn brood kon verdienen en met al zijn beschaving en ontwikkeling moest achterstaan bij ieder eenvoudig werkman met krachtiger armen en steviger gestel. Deze „broken down swell in Capricornia," het tropische Queensland benoorden den steenbokskeerkring, is een uitmuntend stylist en fijn opmerker. Zijne schildering over de behandeling der koelies is afschrikkelijk, terwijl hij duidelijk aantoont, dat wettelijke bepalingen over een toetekennen loon en vrijwillige aanwerving niets beteekenen. Zijn oordeel over de koelie-kwestie verdient zeer de aandacht. Zoo schrijft hij: „The farmers say: cotton and sugar

---

[1] *Anti-Slavery Reporter* van 31 Dec. 1870 en 1 April 1871. De heer van der Gon Netscher, als voormalig planter in Britsch-Guyana zoo zeer met den arbeid der immigranten aldaar vertrouwd, rangschikt dien in eene merkwaardige redevoering over de koffieprodukcie (*Handel. Indisch Genootschap* van 7 December 1869) onder den dwangarbeid. In dezelfde vereeniging gaf de heer Dumontier, gewezen arts in Suriname, in de bijeenkomst van 27 April 1870 belangrijke bijzonderheden over min goede behandeling der koelies, zoowel op de zeereis als in de kolonie, terwijl ik mij bij die gelegenheid sterk tegen het hervatten der immigracie uit Afrika verzette.

„won't pay with white labour. Well suppose they don't, is that
„a reason for adopting any system, however horrible and abo-
„minable, simply because it does away with the necessity for
„white labour? What a terrible clamour would these people raise,
„if they were called slave-owners. But when a man is brought
„from his own country and made to work against his will, for
„the profit of another, the plain English for that mans condi-
„tion, is slavery and nothing else, whether he be treated as
„well as or better than a negro slave, and let him recieve ten
„shillings a month, or ten pence, or ten pounds. If I catch a
„man and tie him to a tree, is he none the less tied up, be-
„cause I don't go to the extremity of leaving him without food
„or drink. . . . . Here we have an instance of the power of
„words; call a slave an immigrant in a sham act of parliament
„and he loses all our sympathy at once; he is transformed, we
„don't know him; put him on a Queensland plantation, and
„flog him, and feed him worse than a dog, he becomes a coolie-
„labourer. There is so much in a definition. I define a slave
„as one, who is forced to work for the advantage of others. The
„employers of these so called coolies say: Oh no, a slave in
„order to be a slave must be the property of his employer." [1]
Wel worden de koelies in Queensland op veel afkeurenswaardiger wijze derwaarts gelokt en slechter behandeld dan in eenige
andere Engelsche kolonie, maar ook, toen de slavernij algemeen
in zwang was, werden de negers in de eene kolonie beter behandeld dan in de andere. Niettemin was de slavernij overal
in beginsel verkeerd; zoo ook de aanwerving van arbeiders naar
verre landen met verplichting, om daar jaren achtereen onder
kontrakt te arbeiden. Of men Afrikanen, Indiërs Chineezen,
dan wel, zoo als met de *parceria-kontrakten* in Brazilië, Duitschers naar Amerika bracht, steeds leidde dit tot een soort van
slavernij; ronseling en zielverkooperij waren daarvan even onaf
scheidelijk als vroeger van de werving van soldaten en matrozen

---

[1] *Colonial adventures and experiences by a university man.* Lond. 1871,
p. 270 en 271.

in een vreemd land. Alleen een geheel vrije volksverhuizing, zooals die der Chineezen naar den Indischen Arsjipel, Australië en Noord-Amerika, of het huren van arbeiders uit een naburig land voor een korten termijn, zooals dat van koelies uit Zuid-Indie in Ceilon, kan uit een oogpunt van menschelijkheid en gezonde staathuishoudkunde worden gebillijkt.

Bij de door de Fransche regeering gesubsidieerde loskoop van negerslaven kwam bovendien het kwaad, dat dit stelsel den slavenhandel moest bestendigen, waar die nog niet geheel was onderdrukt en dat het, zoodra het meerder omvang verkregen had, dezen handel met al de gruwelen der slavenjachten zou doen herleven in die deelen van West-Afrika, waar eindelijk een wettige handel beschaving en ontwikkeling onder de negers had gebracht. Engeland, dat zich zoo groote en langdurige opofteringen tot onderdrukking van den slavenhandel had getroost, kon niet dulden, dat die onder een anderen vorm herleefde en heeft zoowel door diplomatieke tusschenkomst als door de algemeene afkeuring in de pers Napoleon genoopt, bij brief van 1 Juli 1861 de voortzetting dezer immigracie van zoogenaamde vrije negers na een jaar geheel te verbieden. [1] Ik achtte het niet overbodig, een en ander hier kortelijk te herinneren, daar onze regeering blijkens hare Memorie van Toelichting, behoorende bij het traktaat tot afstand der Kust van Guinee, nog de mogelijkheid vooronderstelt, dat wij in het vervolg

---

[1] Deze brief van Napoleon aan zijn minister van marine en koloniën vindt men onder anderen: *Koloniale Jaarboeken*, D. I, bl. 283, waar ook het oordeel van Lord Palmerston over dit stelsel van immigracie wordt medegedeeld. Op Afrika's Oostkust was dit stelsel, waar het door de inbeslagneming der Fransche bark *Charles et George* bijna een oorlog tusschen Portugal en Frankrijk had doen ontstaan, reeds in het begin van 1859 door Napoleon verboden; daar echter waren gedurende de twee jaar van zijn bestaan alleen op Réunion 13,500 negerarbeiders overgebracht, zonder nog te gewagen van hen, die toen naar Mayotte en onderhoorigheden werden vervoerd. De opgaven over het aantal immigranten, dat Frankrijks West-Indische en Oost-Afrikaansche koloniën door dit stelsel van loskoop verkregen, vindt men in de meermalen aangehaalde *Notices*, p. 54, 297 en 298, 367 en 450, waar ook het slechte resultaat wordt medegedeeld van vroegere proefnemingen, om onder de Kroe-negers en in Liberia door werkelijk vrije aanwerving arbeiders voor West-Indië te verkrijgen.

Afrikaansche immigranten voor Suriname zouden kunnen verkrijgen. Wanneer wij dit beproefden, zoo als de Franschen door loskoop van slaven, dan zouden wij daardoor niet alleen in verwikkelingen met Engeland komen, maar ook den goeden naam schandvlekken, die Nederland zich verworven heeft door de eerlijke wijze, waarop het vóór andere koloniale mogendheden het traktaat met Engeland tot verbod van den slavenhandel uitvoerde, ook al kon het met zijn geringe zeemacht niet veel medewerken tot de onderdrukking van dien handel buiten zijne koloniën. Op andere wijze, door werkelijk vrije aanwerving, kan men geen negerarbeiders in eenigzins voldoende hoeveelheid naar West-Indië voeren. De Kroe-negers bijvoorbeeld en zoo ook die van Kabinda in het Kongo-Gebied verhuren zich gaarne aan Europeanen voor het verrichten van matrozenwerk en anderen arbeid, maar steeds slechts voor korten tijd, zoodat zulk een verbintenis de groote kosten van het vervoer naar Amerika niet zou vergoeden. Ook kan men van inderdaad vrije arbeiders slechts een beperkt getal bekomen.

Wij hebben dit zelf ondervonden met de werving van negersoldaten voor ons Oost-Indisch leger. Zoolang de koning van Asianti ons ingevolge het kontrakt met den generaal Verveer Donko-slaven uit het binnenland leverde, konden wij zoo veel daarvan naar Indië voeren, als wij maar begeerden. Deze werving berustte, al werden ook de negersoldaten in de Oost veel beter behandeld, op dezelfde grondslagen als het zoo even beschreven Fransche stelsel van immigracie, daar de vorst van Asianti, om ons die Donko's te kunnen leveren, ze uit hun land moest rooven. Op de vertoogen van Engeland hebben wij deze werving bij loskoop moeten staken, en eerst later is eene meer vrijwillige aanwerving binnen ons gebied op de Goudkust beproefd. Deze laatste verschafte ons slechts een gering aantal soldaten, in het vorige jaar nog geen honderd. Voor een groot deel waren dit zeker afstammelingen van uit Oost-Indië teruggekeerde negersoldaten, die dus wisten, waartoe zij zich verbonden, maar ook onder de rekruten der latere werving zullen losgekochte slaven niet ontbroken hebben. Zoolang de slavernij in geheel West-Afrika als huiselijke instelling onder de inboorlingen bestaat, is dit met de beste voorzorgen niet te voorkomen. Niet de vrees voor vertoogen van Engeland, maar een helder inzicht in Afrikaansche toestanden, een levendig gevoel onzer verplichtingen jegens het te voren door de Europeanen zoo verdierlijkte negerras, moet onze regeering weerhouden, op eenigerlei wijze de hand te leenen tot aanwerving van negerarbeiders of soldaten. Zelfs in de Europeesche koloniën van Afrika's Westkust en veel meer nog in de onafhankelijke kuststreken buiten het toezicht van eenig Europeesch bestuur kan zulk een werving op eenigzins uitgebreide schaal slechts dienen tot aanwakkering van de slavenjachten en den slavenhandel in het binnenland. Een beschaafd Germaansch volk mag niet dulden, dat zulke gruwelen in onze negentiende eeuw onder zijn vlag geschieden. Wat ook enkele individuen mogen aanraden, eene regeering, die eene verlichte koloniale politiek huldigt, moet over allerlei plannen van dien aard slechts een afkeurend oordeel uitspreken. [1]

Of de Spaansche regeering van zins was, Fernando Po op zulk een wijze van veldarbeiders te voorzien, en dit eiland in eene plantazjekolonie te herscheppen, is mij niet bekend. Redenen van menschelijkheid zouden haar niet teruggehouden hebben, daar zij steeds den invoer van slaven in hare Antilles oogluikend gedoogde en door het niet nakomen der verplichtingen, die zij bij de traktaten tot wering van den slavenhandel had op zich genomen, met Engeland op zoo gespannen voet stond, dat Lord Palmerston nog in Juli 1862 openlijk verklaarde, er zelfs grond kon bestaan, om Spanje deswegens den oorlog aan te doen. Bij dien stand van zaken kon Spanje, nadat het zoo veel machtiger Frankrijk het vervoer van negerimmigranten had moeten opgeven, er niet aan denken, dit op Fernando Po te beproeven. Clarence-Cove, de eenige handelplaats aldaar, was niet alleen het verblijf van den Engelsch konzul, maar ook voor

[1] Tot mijn genoegen zie ik, dat de regeering in de Memorie van Beantwoording een minder gunstig oordeel over dit werfsysteem uitspreekt.

het meerendeel door Engelsche onderdanen bewoond, zoodat op dit eiland van betrekkelijk geringen omvang een heimelijke landing van negerslaven of zoogenaamd vrije negerarbeiders terstond moest ontdekt worden, in welk geval het Engelsch eskader op Afrika's Westkust, dat volgens de traktaten alle schepen onder Spaansche vlag mocht onderzoeken, dit vervoer geheel kon beletten door een enkel oorlogschip bij Fernando Po te stacioneeren.

Kon Spanje van Fernando Po geen plantazjekolonie maken, dan had het bezit van dit eiland voor deze mogendheid hoegenaamd geen waarde. Voor Engeland, dat zulk een belangrijken handel drijft in de Bocht van Guinee, kon het misschien nu nog van belang zijn, op Fernando Po een koloniaal bestuur te vestigen, hoewel het mijns inziens op even voldoende en veel zuiniger wijs de bescherming zijner handelsbelangen in dit gebied op den tegenwoordigen voet aan een daar gevestigden konzul en van tijd tot tijd derwaarts te zenden oorlogschepen kan overlaten, vooral nu na de geheele vernietiging van den slavenhandel in West-Afrika en de opheffing van het afzonderlijk Engelsch eskader aldaar, sedert 1869 met dat aan de Kaap de Goede Hoop vereenigd, al de redenen vervallen zijn, waarom het vroeger het bezit van dit eiland begeerde. Spanje daarentegen, dat in verhouding tot de groote uitgestrektheid zijner zeekust zulk een gering aandeel in den wereldhandel heeft, drijft bijna geen handel op tropisch West-Afrika, terwijl de vestiging van een bestuur op Fernando Po zulk een handel niet kon doen ontstaan. Wanneer een Europeesche mogendheid groote tropische gewesten verovert, die door vruchtbaren bodem en een talrijke nijvere bevolking de stof leveren voor een goede landbouwkolonie, zoo als Fransch-Cochinchina, dan is het mogelijk, dat het bezit van zulk eene kolonie allengs een niet onbelangrijk handelsverkeer met het moederland doet ontstaan, hoewel dit dan nog zeer langzaam zal gaan bij volken, zoo weinig geneigd tot overzeesche handelsondernemingen en tot vestiging in verre landen als de Franschen en Spanjaarden, en veelal alleen door middel van een den handel in het algemeen belemmerend stelsel van bescherming. Koloniën, die door welke reden ook op eigen gebied weinig produkten opleveren, kunnen van belang zijn tot bescherming van handelsbelangen in naburige streken, maar moeten dan worden opgericht, waar zulk een handel bestaat en de vestiging van een koloniaal bestuur vordert. De geschiedenis der Spanjaarden op Fernando Po, hetgeen ik een vorig hoofdstuk mededeelde omtrent de Fransche etablissementen op de Goudkust en aan den Gabon, zijn zoovele voorbeelden, dat het oprichten van zulke kleine koloniën alleen niet voldoende is tot het verkrijgen van nieuwe handelsbetrekkingen.

Spanje, welks financieele toestand waarlijk geene overtollige uitgaven gedoogt, moest weldra inzien, dat het door zijne met zooveel ophef aangekondigde vestiging van een nieuw bestuur op Fernando Po geld in het water smeet, waarvoor het direkt noch indirekt eenige voordeelen genoot, noch het inoogsten daarvan in een niet al te verwijderde toekomst mocht verwachten. Uit nacionalen trots en onwil, om terug te keeren op den ter kwader ure ingeslagen verkeerden weg, had het misschien nog lang deze overbodige weelde bekostigd, indien niet de aan Spanje zooveel goeds belovende verdrijving van Isabella ook in dit opzicht ten goede gewerkt had. Vroeger zeide ik reeds, dat ik geene bepaalde gegevens over de zaken van Fernando Po na 1860 bezit, maar meen dit toch uit den *Almanach de Gotha* te mogen opmaken. Dit jaarboekje geeft naar officieele opgaven van de verschillende Europeesche regeeringen steeds de namen der goeverneurs in de voornaamste koloniën. Zoo vindt men er eenige jaren achtereen een goeverneur-kommandant over Fernando Po vermeld; van den almanak van 1869 af echter niet meer. Al heet Fernando Po nog steeds een Spaansche kolonie, de vooronderstelling ligt dus voor de hand, dat Spanje na de omwenteling van 1868 zijn koloniaal bestuur aldaar aanmerkelijk heeft ingekrompen, zoo niet geheel heeft opgeheven. Misschien alleen tijdelijk uit geldelijken nood, daar deze omwenteling, hoe heilrijk voor Spanje in het algemeen, even als iedere revolucie de financiën verward en veel geld gekost heeft.

De toekomst alleen kan leeren, of Spanje, dat nu allereerst in zijne voornaamste kolonie, de Paarl der Antilles, de oproerige planters bevredigen en de zoo moeijelijke kwestie der slavernij moet oplossen, voortaan ook ten aanzien van Fernando Po een waarlijk verstandige en verlichte koloniale politiek zal volgen.

Hetzij dat Spanje nu voor goed van zijn koloniaal bezit in de Bocht van Guinee afzie, hetzij dat het daar later weder een bestuur vestige, ja ook al had het tot nu toe en nog jaren na dezen zijn bestuur aldaar op den kostbaren voet gehandhaafd, zoo als het dit in 1858 had ingericht, dit is, dunkt mij, uit het bovenstaande zonneklaar gebleken, dat deze mogendheid in 1841 het aanhangige traktaat tot afstand van zijn nominaal bezit aan Engeland had moeten aannemen. Volslagen onkunde omtrent koloniale aangelegenheden in het algemeen en Afrikaansche toestanden in het bijzonder, gepaard aan een meer verklaarbaren, dan gewettigden volkstrots, heeft de Spaansche nacie bewogen, dien afstand als onvereenigbaar te beschouwen met hare nacionale eer. Heeft zij dan hare eer beter gehandhaafd door de klaaglijke rol, die zij daarna tot 1858 op Fernando Po vertoonde? In vergelijking daarmede kon de vestiging van een koloniaal bestuur op dit eiland bij den eersten aanblik eervol schijnen, maar was het dit nog, nu Spanje na tien jaar dit bestuur weder heeft moeten intrekken — een bestuur, dat zich trouwens door niets anders kenmerkte, dan door de verjaging van enkele vreedzame Protestantsche zendelingen met hunne zwarte bekeerlingen? Ja, al had Spanje Fernando Po beter bestuurd en zich daar voortdurend gehandhaafd, welke eer is er gelegen in het behoud eener kolonie, waaruit men niet alleen geene voordeelen trekt, maar ook niets verricht voor de beschaving en veredeling der inboorlingen en eigenlijk niets doet, dan de zaken uit een algemeen kosmopolitisch oogpunt te bederven? Toch is Spanjes gedrag ten aanzien van Fernando Po aan Nederland als voorbeeld gesteld. Welnu, laten wij ons daaraan spiegelen, al- mannen van Germaanschen stam het aanhangige traktaat tot afstand onzer forten op de Goudkust met een koel hoofd overwegen en ons niet door een schoonklinkende, maar onberédeneerde pralerij op de nacionale eer laten verleiden tot het spelen der rol van het land van Don Quijote de la Mancha.

VIII.

SLOTBESCHOUWING OVER HET NAVOLGEN VAN HET VOORGESLACHT.

Door de aanhoudende lektuur van ridderromans was Don Quijote's brein verward; steeds handelende naar de begrippen van lang vervlogen dagen werd hij de bespotting zijner tijdgenooten. Deze edele ridder der droevige figuur is de type van den man met waarlijk schoone en grootsche gevoelens, die voor eenzijdige studie van het verleden den tijd niet begrijpt, waarin hij leeft. O de studie van 's lands oude historiebladen is nuttig en hartverheffend. Wij kunnen daaruit leeren: op het voetspoor onzer voorouders niet te wanhopen in dagen, waarin 's lands toekomst ons donker schijnt, hen na te volgen in hun onverflauwden moed en stalen veerkracht, maar wij worden Don Quijotes, zoodra wij juist hetzelfde doen als zij, zonder te bedenken, dat de tijden veranderd en de begrippen vooruitgegaan zijn. Evenmin als wij heden ten dage slavenhandel drijven, omdat de vaderen dit deden, evenmin behoeven wij ons thans, het koste wat het wil, vast te klemmen aan het bezit van enkele nietige forten op de Kust van Guinee, omdat die door het voorgeslacht met opofferingen veroverd zijn. De Nederlanders der zeventiende eenw waren kloeke varensgasten en onversaagde handelaars, die onbekende zeeën doorkliefden om nieuwe markten op te sporen, groote kapitalen waagden in een handel op verre wereldstreken. Maar bij al hun durven bleven zij bedachtzame Nederlanders, die bij tijds de bakens verzetten, als het getij verliep, geen handel aanhielden op plaatsen, waar die geen voordeel opleverde. Zelfs in de dagen van haar grootsten bloei brak de Oost-Indische Kompanjie telkens kantoren op, zoodra die lastposten werden. Waar oorspronkelijke handelsnederzettingen allengs groote veroveringskoloniën werden, zooals ons rijk in den

Oost-Indischen Arajipel, gaat zulks niet aan; door soeverein gezag over vreemde volken uit te oefenen belast een koloniale mogendheid zich met de verplichting, de onderworpen volken goed te besturen — een plicht, waaraan zij zich niet naar willekeur onttrekken mag. Ons bezit ter kuste van Guinee is echter niets dan een kwijnende handelsnederzetting en de vraag, die nu aan de Nederlandsche nacie wordt voorgesteld, is eenvoudig deze: Wilt en kunt gij die tot een veroveringskolonie maken, of moet gij die taak aan anderen overlaten?

De heer de Jonge beschouwt den handel op Afrika als eene nacionale tradicie en wil, dat wij die handhaven met den eerbied, die een rechtgeaard kind voor zijne ouders koestert. Maar wij doen dit juist, wanneer wij onzen handel evenmin als de vaderen tot de Goudkust beperken, voor de West-Indische Kompanjie in haar bloeitijd vooral de verzamelplaats der waren, die zij van Angola af tot Sierra Leone toe inkocht; wij handhaven die tradicie, wanneer wij heden geen maniget aanvoeren, omdat dit geen waarde meer heeft, noch slaven, omdat ons geweten zulks verbiedt, maar de heden zoo gezochte vetstoffen naar Europa brengen en die dan ook halen, waar ze het best te verkrijgen zijn, en dus niet uitsluitend op de Goudkust, maar vooral in Liberia, de Bocht van Guinee, het Kongo-Gebied, eerlang zelfs op Afrika's Oostkust. Sedert lang is de handelsgeschiedenis onzer vaderen voor mij een geliefkoosd veld van onderzoek en acht ik den heer de Jonge hoog om den ijver, waarmede hij de oorkonden onzer vestiging in Insulinde aan het licht brengt. Met des te meer leedwezen treed ik thans tegen hem op, nu hij een voor hem vreemd terrein, een praktische kwestie van den dag, behandelt en — rampzalig gevolg eener onze denkkracht verslappende verfransching van geest — dit niet doet met oud-Hollandsche degelijkheid, sedert lang den roem onzer geleerden, maar met den Franschen slag. Hoe kon de studie van ons roemrijk verleden hem zoo flauwhartig stemmen! Heeft hij, daarin geheel verdiept, geen oog meer voor hetgeen om ons plaats heeft? Het doet mij goed, wanneer ik aan de hand des heeren de Jonge de geestkracht van een Coen leer bewonderen, maar meer nog popelt mij het

hart, wanneer ik, zoo als in de laatste maanden, onder de
handelsberichten vermeld vindt, dat een klein scheepje eener
firma te Vlaardingen daar rechtstreeks uit Zanzibar is binnengekomen. Dit schijnbaar onbeduidende feit belooft veel voor
ieder, die weet, welken belangrijken handel Noord-Amerikanen
en Duitschers op Zanzibar drijven — men zie de statistiek van
den in- en uitvoer aldaar in den laatsten *Almanach de Gotha.*
Dit is nog maar een begin, de eerste stralen van een morgen-
rood, dat zich aan de kim vertoont, terwijl opkomende nevelen
dit licht weder kunnen verduisteren. Maar voor den opmerkzamen
beschouwer van de teekenen des tijds bewijst het toch, dat onze
handel nog nieuwe banen durft betreden, na jaren van stilstand
en kwijning, andere uitwegen zoekt dan de oude vrachtvaart
naar Java en terug.

Dat de Nederlandsche handel zich tegenwoordig niet alleen
in vreemde landen durft wagen, maar zich daar ook naast
andere Europeesche kooplieden met glans kan handhaven getuigt
vooral de belangrijke ontwikkeling der zaken van de Afrikaansche Handelsvereeniging te Rotterdam. Diep grieft
het mij, dat ik én door de vervroegde bijeenkomst der Tweede
Kamer én door het niet in behandeling nemen van het ontwerp
over de stoomvaart naar Amerika nu dit geschrift moet sluiten
en daarin niet het hoofdstuk kan opnemen, dat ik aan deze
zoo gewichtige onderneming had toegedacht, maar de meer uitvoerige beschrijving van het gebied, waar zij handel drijft, tot
een latere gelegenheid moet besparen. Voorloopig vergenoege
men zich met de volgende gegevens, die mij welwillend door
de direkteurs. de heeren Kerdijk en Pincoffs, verstrekt zijn en
zoo duidelijk doen zien, welk een omvang deze onderneming in
korten tijd verkregen heeft. Eerst in 1857 begonnen deze heeren
hun handel op West-Afrika bezuiden den evenaar, waaruit in
1869 de bovengenoemde namelooze vennootschap ontstaan is.
Deze heeft daar thans reeds tien faktorieën; deels zoo als die te
Ambriz en aan de Dande binnen het gebied der Portugeesche
kolonie Angola; deels zoo als die te Ambrizette, aan den
Kongo, te Kabinda in een streek, waarover Portugal volstrekt

geen gezag uitoefent, maar waarop het van oudsher aanspraken doet gelden, wier geldigheid tegenover andere Europeesche naciën door Engeland niet erkend wordt; voorts meer noord-waarts langs de kust tot Loango toe. In deze faktorieën, waarvan die aan de zeekust in het volgens alle bevoegde auto-riteiten gezondste deel van West-Afrika liggen, heeft zij thans een personeel van 38 Europeesche handelsbedienden en 19 werk-lieden (machinisten, smeden, kuipers, timmerlui, metselaars) behalve het groot aantal Kabinda-negers, dat bij afwisseling voor zwaarder werk in haar dienst is. In hare hoofdfaktorie te Banana-Point aan den noordelijken mond van den Kongo, die zij van het Fransche huis Régis overnam, toen dit in 1862 zijn handel in negerimmigranten moest staken, heeft zij behalve smederij en kuiperij een eigen sleephelling, terwijl zij op haar kosten den mond van den Kongo betont en bebakent. In het verkeer tusschen deze hoofdfaktorie en de andere wordt door verschillende kustvaartuigen, een klein sleepbootje en een stoomboot van 150 ton voorzien. Voorts heeft zij een Engelsche stoomboot gehuurd, die geregeld tusschen Rotterdam en Banana-Point vaart en in 1870 vier reizen deed; dit zijn de Engelsche stoombooten onzer handelstatistiek onder het hoofd: Westkust van Afrika.

Den omvang, die de handelsbeweging der Afrikaansche Han-delsvereeniging nu reeds verkregen heeft, blijkt hieruit dat zij in het vorige jaar voor eene waarde van ƒ 1,550,000 te Rotterdam aan de markt bracht en wel 1800 ton aardnoten, 1500 ton palm-pitten, 900 ton palmolie, 200 ton koffij, 70 ton gom-elastiek en 23 ton ivoor. De waarde harer uitvoeren bedroegen in 1870 twaalf ton gouds, waaronder voor zeven en een half aan Neder-landsch fabrikaat. In den aanvang harer onderneming kon zij in hare behoeften alleen door Engelsche manufakturen voorzien; sedert hebben echter de ondernemendste fabrikanten in Tweuthe zich toegelegd op de vervaardiging der in Afrika gezochte kleedjes en bedienen nu deze markt, een bewijs, dat onze Twentsche industrie nog niet zoo afhankelijk is van een beschermend tarief, als de hoe langer hoe meer konservatief wordende *Arnhemsche*

9

Conrant zich verbeeldt, maar tevens een krachtig bewijs, welke
welvaart ondernemingen als de Afrikaansche Handelsvereeniging
in ons land verspreiden. Dit blijkt ook daaruit, dat hare aanvoeren van koffie, waarop ik reeds in een vorig hoofdstuk de
aandacht vestigde, voor dit artikel te Rotterdam eene markt
vormden, zoodat de Afrikaansche koffie, die uit de Portugeesche
bezittingen St. Thomas en Angola te Lissabon wordt aangebracht,
nu reeds voor het meerendeel van daar te Rotterdam ter markt
komt. Uit de officieele Engelsche handelstatistiek kan men
eindelijk zien, dat de handelsomzet der Afrikaansche Handelsvereeniging ongeveer evenveel bedraagt als die van al de Engelsche huizen op Loango, Kongo en Angola. Voorzeker een
merkwaardig bewijs, dat de Nederlandsche handel onder goede
leiding nog wel met dien van het buitenland kan mededingen.
Ook voorziet deze vereeniging bij kontrakt het Engelsch eskader
van steenkolen, als hoedanig zij vermeld wordt in de korres-
pondencie over den slavenhandel, die in 1866 aan het parlement
werd overgelegd. Reeds in 1863 werd daarin de invloed geprezen,
die zij door haar handel in het Kongo-Gebied uitoefende, van
waar destijds nog zulk een groot aantal slaven werd uitgevoerd.

Hoewel deze Nederlandsche onderneming dus zeer goed bekend
was bij de Engelschen, hare werkzaamheid met lof vermeld
werd in het Verslag van den heer Koopman, vooral omdat
zij uitsluitend ruilhandel a kontant dreef, zonder zich aan de
nadeelen van het kredietstelsel bloot te stellen, scheen onze
Nederlandsche regeering haar bestaan niet te kennen, toen het
door de Fantijnen ingesloten Elmina van hieruit van levensmiddelen moest voorzien worden. Althans zij bevrachtte met
groote kosten een schip, dat alleen daarvoor de reis naar de
Kust moest doen en vernam eerst later tot hare bevreemding,
dat Nederlanders eene geregelde stoomverbinding met den
Kongo onderhielden en, mits vooruit gewaarschuwd, tegen
veel geringer vracht de door de regeering te verstrekken proviand naar Elmina konden brengen. Bij het gemis van een vol-
doend handelsverdrag met Portugal, hetgeen even als een
traktaat met den sultan van Zanzibar zoo noodig is, zal de

Nederlandsche vaart zich op Afrika's Oostkust met goed gevolg kunnen vestigen, heeft de Afrikaansche Handelsvereeniging door eigen kracht toegang verkregen tot het Portugeesch gebied. Laat ons hopen, dat de regeering, indien zij eindelijk eens onderhandelingen over zulk een handelsverdrag aanknoopt, geen voet geeft aan Portugals verouderde aanspraken op het Kongo-Gebied, nu weder het eerst door Nederlanders voor den wettigen handel geopend, een gebied, waar een Pieter van den Broecke reeds in het begin der zeventiende eeuw zoo gewichtige handelsbetrekkingen had aangeknoopt.

Souffrir pour parvenir, zoo luidde het schoon devies van Huygen van Linschoten, den kloeken reiziger, wiens geschriften aan onze voorouders den weg naar Oost-Indië wezen. Die spreuk blijve steeds de leus van ons Nederlanders, in het bijzonder van onze handelaars. Een koopman, die zich in verre landen onder onbeschaafde volken vestigt of zijne kapitalen derwaarts zendt, trotseert allerlei bezwaren van een hem ongewoon klimaat, vreemde zeden en handelsusanciën, hij stelt zich aan velerlei verliezen bloot, van zulk een handel onafscheidbaar. Moedig waagt hij dit alles: *pour parvenir*, in de hoop op groote handelswinsten. Snij hem die hoop af, dan zal een werkelijk soliede handelaar zijne zaken opbreken en zich elders vestigen. Alleen de wrak staande koopman durft dit niet, uit vrees zijn reeds afnemend krediet nog meer te doen dalen. In de mistroostige bui, waarin de heer de Jonge onder het opstellen van zijn laatste vlagschrift verkeerde, wil hij de oude leus der Nederlanders van de zeventiende eeuw omkeeren in *endurer pour durer*. Daartegen moet ik protest aanteekenen. Zulk een spreuk past alleen aan ondergaande volken, zoo als Spanjaarden en Portugeezen, die juist, omdat zij aan eigen volkskracht beginnen te twijfelen, het luidst. brallen en stoffen op de daden van het voorgeslacht, omdat zij de veerkracht missen in de tegenwoordige omstandigheden den moed der voorvaderen natevolgen, zich krampachtig vastklemmen aan de ruienen hunner verouderde stichtingen. Een land als Nederland, dat roemrijk den schepter voert over het onmetelijke Insulinde, daar zijn gezag voortdurend uitbreidt en hoe langer hoe meer tot zegen doet strekken voor de inboorlingen; een land, dat bij zijn voorvaderlijk erf in Europa gestadig gewesten bij gewesten inlijft, eerst de Haarlemmermeer, nu het IJ, later zoo wij hopen, de Wadden en de Zuiderzee; een land, dat zijn breedste stroomen en zeearmen met de ijzeren bruggen zijner spoorbanen overspant; een land, dat onder zijne geleerden en kunstenaars nog steeds banierdragers telt; zulk een land, is nog niet zoo gezonken dat het zich angstig behoeft aftevragen, of de in het welbegrepen belang der inlanders ondernomen vervreemding eener onbeduidende kolonie zijn roem in de wereld zal doen tanen; zulk een land behoeft zich niet te ontstellen, omdat een naburig volk eindelijk de staatkundige macht verkregen heeft, die het sinds lang toekwam, want hoe klein Nederland ook zij onder de volken van Europa, nog steeds vervult het in den wereldstrijd voor beschaving en ontwikkeling een eervolle plaats.

6

CPSIA information can be obtained
at www.ICGtesting.com
Printed in the USA
BVHW041722220819
556561BV00023B/5886/P